政府国际犯罪及其遏制机制研究

钱晓萍　著

中国社会科学出版社

图书在版编目(CIP)数据

政府国际犯罪及其遏制机制研究 / 钱晓萍著. —北京：中国社会科学出版社，2018.2

ISBN 978-7-5203-2477-9

Ⅰ.①政… Ⅱ.①钱… Ⅲ.①国际刑法—研究 Ⅳ.①D997.9

中国版本图书馆 CIP 数据核字(2018)第 095835 号

出 版 人　赵剑英
责任编辑　朱华彬
责任校对　胡新芳
责任印制　张雪娇

出　　版　中国社会科学出版社
社　　址　北京鼓楼西大街甲 158 号
邮　　编　100720
网　　址　http：//www.csspw.cn
发 行 部　010-84083685
门 市 部　010-84029450
经　　销　新华书店及其他书店

印　　刷　北京君升印刷有限公司
装　　订　廊坊市广阳区广增装订厂
版　　次　2018 年 2 月第 1 版
印　　次　2018 年 2 月第 1 次印刷

开　　本　710×1000　1/16
印　　张　13
插　　页　2
字　　数　201 千字
定　　价　58.00 元

凡购买中国社会科学出版社图书，如有质量问题请与本社营销中心联系调换
电话：010-84083683

目　录

前　言

在国际法视域下研究“政府犯罪及其刑事责任”或“政府国际犯罪及其国际刑事责任”的最初动力源于对“国家犯罪与国家刑事责任”的争议。本书的写作目的在于借鉴历史，立足现实，面向未来，回应国际社会要求遏制最严重国际犯罪的呼声。

本书按提出问题、分析问题和解决问题的思路构架全文：

第一章是绪论部分，主要介绍研究背景和意义。在评述“国家犯罪及国家刑事责任”理论争鸣的基础上，引出以“政府犯罪代替国家犯罪”的观点，回顾政府犯罪概念在理论研究与司法实践中的应用，并分析政府犯罪研究受到忽视的原因。在学习和借鉴相关文献的基础上，本书认为：

（1）在理论层面，以“政府国际犯罪及其国际刑事责任”作为研究对象，重新界定政府国际犯罪与国家犯罪间的关系，将是国际刑事法律理论研究的创新，能在一定程度上缓解“国家犯罪和国家刑事责任”的理论困境。

（2）在实践层面，讨论建立政府国际犯罪刑事责任追究机制可能性，将有助于推动国际犯罪刑事责任制度的发展，有利于实现国际社会遏制最严重国际犯罪的诉求。

第二至四章是本体论部分，主要研究政府国际犯罪的定义、构成，以及其与国家犯罪的关系，回答政府国际犯罪是什么的问题。

第二章采用内涵定义法定义政府国际犯罪，即被定义概念 = 种差 + 邻近属概念。根据文献实例研究和分析，从个别的政府国际犯罪现象，归纳和演绎政府国际犯罪的固有属性，即种差；再与国家犯罪的概念进行类比。由于政府国际犯罪的概念与国际犯罪术语体系中的其他概念相互联系，相互依存，通过明确解释其他概念的含义，如“强行法犯罪”“最严重的国际犯罪”“国际社会公认”“国际社会根本利益”等，进一步缩小“政府国际犯罪”的邻近属概念，得出本书政府国际犯罪概念的定义。

第三章采用层层推进的方法分析政府犯罪的犯罪构成。一方面，从比较不同法系犯罪构成理论的相通之处入手，对国际犯罪的犯罪构成进行理论性和法定性概括，为政府犯罪的构成研究创造模型。另一方面，将政府犯罪归为法律实体犯罪，按法律实体犯罪的构成分为实体团体犯罪构成和成员个人犯罪构成，分析政府犯罪的犯罪构成。

第四章政府国际犯罪与国家犯罪关系的研究是本书的重点、难点，亦是亮点。在讨论国家与政府关系的基础之上，通过逻辑推理和实例说明，打破国际法上“政府犯罪是国家犯罪的一部分”的惯有的思维。由于政府在国家犯罪中扮演着“国家政策”制定者和“国家行为”实施者的角色，而政府犯罪又存在侵犯本国国内利益的情况，因此有必要重新思考两者之间的关系。

第五至七章是“责任论”部分，主要研究政府犯罪国际刑事责任的合法性与可行性。政府国际犯罪理论研究面临的最大障碍，是将抽象概念变成实际内容，解决责任追究的可行性问题。在遏制政府国际犯罪时，在宏观层面，如何减少对所在国的影响，避免对全体人民整体惩罚情势的出现，在国家主权的前提下，寻找“不干涉内政”与保护人权、寻求公正之间的平衡点，尽快使“伤口”愈合。在中观层面，施加刑事责任的一方面临追究机制的有效性问题，即如何使各种刑罚措施和非刑罚相结合，使措施具有刑罚的性质，实现预防与惩治的双重效果。在微观层面，是具体案件中刑事责任如何分配的一般原则，即在个人和团体之间，个人与个人之间，以“罪、责、刑”三要素为标准的责任分配，避免“泛化”

与“漏网大鱼”的出现。由此要解决两个不同但相关的主题：

(1) 追究政府国际犯罪的刑事责任，将政府国际犯罪概念实质化的后果是否与刑法基本原则和国际法基本原则一致？如果答案是肯定的，将有助于政府国际犯罪概念融入现有国际刑事法律体系。

(2) 思考建立合适的体制框架以施加相应的刑事责任，即由谁来决定“政府”所犯罪行，以及如何建立一整套具有国际公共机构特征的适格的框架体系，施加对政府国际犯罪的刑事责任。

第五章从国际法的角度论证，政府作为介于个人与国家之间特殊的实体，其行为天生带有一些“国家”的色彩，国际社会追究政府犯罪的国际刑事责任，是否有悖于国家主权原则和不干涉内政原则；并将“保护的责任”与“政府犯罪”相联系，为遏制政府犯罪，追究政府国际犯罪的刑事责任，提供理论支持和值得借鉴的制度框架。

第六章从刑事法的角度论证，在个人和法律实体（法人或团体/组织）作为国际犯罪刑事责任主体的地位已基本确立，双罚制是惩治法律实体犯罪合理有效的处罚制度的基础上，将政府视为法律实体，分析在某个“政府国际犯罪”中，政府团体与成员个人分别承担国际刑事责任的理论基础，两种国际刑事责任的关系以及追究两种刑事责任的意义。

第七章强调建立政府犯罪刑事责任机制是将犯罪概念实质化的关键。借鉴现有国际犯罪责任追究机制与模式，列举政府犯罪刑事责任追究机制的价值目标与困境，分析国际法院、联合国大会和安理会和国际性刑事法庭，在政府犯罪刑事责任追究机制中可能发挥的作用，结合国际社会应对政府犯罪的实例，勾勒政府犯罪刑事责任追究机制的框架。

在《国际刑事法院罗马规约》签署仪式上，国际刑法学泰斗巴西奥尼教授呼吁，“在政治解决的祭台上，牺牲正义的权力政治不再被接受；灭绝种族罪、危害人类罪和战争罪的罪犯的逍遥法外不再被容忍。……正义是构成和平所必需的部分。正如教皇保罗六世（Pope Paul VI）曾经指出的，‘欲得和平，必匡正义’”。本书力图在有限的篇幅内，对“政府国际犯罪及其国际刑事责任”进行系统研究，明确国际法视域下“政府犯罪”概念的定义、阐明国际法上政府犯罪与国家犯罪之间的关系、分析政府犯罪国际刑事责任的合法性和可行性、设计对政府犯罪施加国际刑事责任的框架，希望有助于遏制最严重的国际犯罪，实现国际法和平、正义、秩序和人权的价值追求。

第一章 绪　论

在国际立法和司法实践中，有关“国家犯罪及其刑事责任”的理论争论旷日持久，但终因各方观点不一至今尘埃未定。学者对该问题的理论研究主要集中于国家主权与国家的对世义务、国家犯罪和刑事责任的合法性、集体犯罪和集体惩罚的合法性、实现国家犯罪刑事责任的可行性、国家作为抽象实体有无犯罪意图、国家责任的性质六个方面，分为支持与反对两种观点，彼此针锋相对。基于国际政治现实与国际法治追求的考虑，为了有效遏制最严重的国际犯罪，在国际司法实践和学术研究中出现以“政府犯罪”代替“国家犯罪”的新思路。

第一节 “国家犯罪及其刑事责任”的理论争鸣

“一战”后，调查破坏战争规则罪行特别委员会曾在一项报告中指出：“德国及其同盟国违反明确制定的规范，以及不容争辩的惯例和人道主义的明显要求，犯下了无数的滔天罪行。”自此，国际社会掀起了讨论“国家国际犯罪及其国际刑事责任”（以下简称“国家犯罪及其刑事责任”），并建立常设国际刑事法院的热潮。佩拉（Vespasien V. Pella，1897—1952）教授在1925年就曾提出，个人和国家都要承担国际刑事责任，他认为，国家犯罪概念有两个方面：一方面是国家违反国际义务的国际犯罪行为，另一方面是该国的某些个人在履行国家义务时从事的国际犯罪行为。[①]

二战后，国际社会创设纽伦堡和东京国际军事法庭，审判战争罪犯。对于个人承担国际刑事责任，还是国家承担责任，或是二者均承担责任，曾有激烈的争论。受当时个人责任与国家责任并存理论的影响，控方向法庭提起的指控，同时提出个人刑事责任、组织（或团体）刑事责任及国家刑事责任。起诉书特别指出，国家为其犯罪行为负责不是一种创新，最近的历史并未确保国家不能成为犯罪者；相反国家犯罪比个人犯罪更可怕。但审判最后以国家是抽象实体，受国家主权保护为由，避开了国家刑事责任问题，只让个人承担刑事责任。[②]

近年来，随着国际形势的变化，国际恐怖主义的猖獗，人道主义干预的兴起，保护责任（Responsibility to Protection）理论的发展，特别是北约对前南联盟的轰炸，伊拉克入侵科威特、英美联军对伊拉克采取的军事行为、朝鲜和伊朗的核问题、叙利亚的化武屠杀疑云，使国家犯罪及其刑事责任问题又一次成为国际社会的热门话题。[③]

一　相关国际刑事法律文件简介

（一）《防止及惩治灭绝种族罪公约》

在1948年制定《防止及惩治灭绝种族罪公约》（以下简称《灭绝种族罪公约》）时，各国曾就国家犯罪及其刑事责任问题展

---

① Farhad Malekian, *International Criminal Responsibility of States: A Study on the Evolution of State Responsibility with Particular Emphasis on the Concept of Crime and Criminal Responsibility*, Stockholm: University of Stockholm, 1985, pp. 158 - 159.

② 其后的雅尔塔会议、《开罗宣言》和《波茨坦宣言》允许盟军对德国和日本实行军事占领和管制，要求侵略国进行战争赔偿，将日本的主权限制在本州、北海道、九州和四国以及其他由战胜国决定的小岛上，日本军队完全解除武装，只能成立自卫队，被认为是事实上对德国和日本的惩罚。

③ 刘大群：《国际法上的国家刑事责任问题》，载陈兴良《刑事法评论》第21卷，北京大学出版社2007年版，第604页。

开争论。《灭绝种族罪公约》第4条仅规定个人的刑事责任。在公约定稿前，英国曾提出将第2条和第4条修改为包括国家和政府对灭绝种族罪也要承担刑事责任，但美国认为灭绝种族罪只能是个人所犯。法国也认为对于灭绝种族罪，国家只承担民事责任，不承担刑事责任。后来英国做出妥协，同意该公约只将刑事责任限于个人，而国家的责任是民事责任而非刑事责任。英国和比利时要求将"包括关于某一国家对于灭绝种族罪或第三条所列任何其他行为的责任的争端"加进第9条。第9条提到"国家对于灭绝种族罪的责任"，却未明确指出这种责任是民事责任还是刑事责任。这一含糊的措辞在沉寂了40多年之后，于1993年国际法院在审理波黑诉塞黑案中，再次引起各国的争论。[①]

（二）《危害人类和平及安全治罪法草案》

1987年国际法委员会通过的《危害人类和平及安全治罪法草案》第3条规定："对犯有危害人类和平及安全的个人进行追诉，并不免除一个国家对归因于它的某一作为或不作为依国际法应负的任何责任。"言下之意，国家可能要对某些危害人类和平与安全的罪行承担责任。1991年《草案》第4条"国家责任"规定，"现行法典规定个人承担危害人类和平与安全罪行责任的事实，无损于依照国际法规定的国家责任的任何问题"，再次重申国家承担刑事责任的可能性。这两次草案通过的时间与国家责任条款草案包含国际罪行的内容的时间相吻合，说明当时关于国家承担刑事责任的观点在国际社会占了上风。由于这一问题引起国际社会的普遍争议，1996年的《草案》回避了国家刑事责任的内容。

（三）《国家对国际不法行为的责任条款草案》

1996年一读通过的《国家对国际不法行为的责任条款草案》[②]

---

① See International Court of Justice, *Reports of Judgments, Advisory Opinions and Orders Case Concerning Application of the Convention on the Prevention and Punishment of the Crime of Genocide*, 2013-5-17 (http://www.icj-cij.org/docket/files/91/13685.pdf).

② 参见《国际法委员会1996年第51次会议报告》，2013年5月17日（http://untreaty.un.org/ilc/documentation/english/A_51_10.pdf）。

第19条第2款规定，“一国严重违反其国际义务，对于保护国际社会根本利益至关重要，以致整个国际社会公认违背该项义务是一种罪行时，则该国际不法行为构成国际犯罪”。第19条第3款进一步解释何谓“保护国际社会根本利益有重大影响的国际义务”，包括“维护和平和安全的国际义务，例如禁止侵略行为”“维护民族自决的权利，如禁止暴力建立或维持殖民统治”“广泛保护人权，禁止奴隶制度，种族灭绝和种族隔离”和“保护人类生存环境，禁止大气和海洋污染”。由于各国对此争论不休，特别是美国、法国等大国极力反对，[1] 国际法委员会最终在2001年的定稿中放弃了国家国际罪行这一用语，而改用“严重违背依一般国际强制性规范承担的义务”，由此产生的国际责任就是民事责任，从而避开国际罪行一词所涉及的刑事责任问题。[2]

（四）小结

总体而言，在重要国际刑事公约和草案的制定过程中，都曾面临有关“国家犯罪及其刑事责任”的争论，但最终都因为各方观点不一，而回避上述问题或在条文中留有进一步讨论的空间，如在1998年《国际刑事法院规约》中就有“关于个人刑事责任的任何规定，不影响国家依照国际法所负的责任”的规定；2007年国际法院在波黑诉塞黑案的判决中，明确指出国家可以犯下灭绝种族

① 各国的意见详情见联合国国际法委员会《国家责任：各国政府提出的评论与意见（A/cN. 4/488）》(Government comments on Draft Articles，http：//untreaty. un. org/ilc/documentation/english/a_ cn4_ 488. pdf)。联合国安理会的常任理事国中，除俄罗斯的态度不太明朗外，其他所有大国都表示了反对，还包括德国、日本、印度等国。美国认为国家责任是民事责任的一种形式，个别犯罪者也可能利用国家罪行的规定，将其应承担的责任推给国家；法国认为国家责任不是刑事责任，也不是民事责任，而是自成一体的责任；英国认为第19条关于区分国际不法行为和“国家罪行”的尝试不可取；中国认为将国家罪行概念移植到国际法领域，在理论上和实践上将会遇到难以逾越的困难。表示支持的国家有爱尔兰、捷克、丹麦、意大利、希腊等欧洲国家，以及墨西哥、阿根廷、蒙古、坦桑尼亚等国。

② 《国际法委会2001年国家对国际不法行为的责任条文草案》，2013年5月17日(http：//untreaty. un. org/ilc/texts/instruments/english/draft% 20articles/9 _ 6 _ 2001. pdf)。

罪，但是对其责任性质没有明确说明。

二 “国家犯罪及其刑事责任”存废论点概要

学界关于“国家犯罪及其刑事责任”问题研究争议的主要焦点如下：①

(一) 国家主权 vs 国家的对世义务

反对方的首要论点是，国家犯罪和刑事责任与国家主权平等原则和国际社会现存的结构不符。国际不法行为（international delinquency）不是一种罪行，因为犯有国际不法行为的国家作为一个主权者，不可能受任何惩罚。目前的情况下，国际不法行为唯一可能的法律后果就是提供道义或物质的赔偿。所有的犯罪定义都取决于一个具有“垂直（vertical）结构”的社会的存在，国际法作为主权国家之间，而非国家之上的法律性质，不可能产生制裁国家的适当的刑罚制度，也排除了从犯罪角度来看待这种行为的可能性。②

支持方认为，国家受国际法管辖，亦受国际法保护。国际社会的现实是国际法与国家主权并存，坚持绝对主权将导致否定国际法或否定国家主权。那种不受任何法律的约束，不服从任何条件或限制的绝对主权不存在。③ 虽然关于国际法强行规范和国家对国际社

---

① 在学习和尊重他人研究硕果的基础上，对现有文献广收约取，得出学界观点大致可以归为四类：支持与主张国家犯罪的主体地位及承担刑事责任；反对国家成为国际犯罪的主体及承担刑事责任；支持国家可以实施国际犯罪但反对其承担刑事责任；审慎对待国家犯罪及其刑事责任。反对方的代表人物有：英国国际法学家奥本海、布朗利、吉尔伯特，法国国际法学家波利蒂斯，美国哈佛大学国际法教授哈德逊，中国国际法学家梅汝璈、贺其治、林欣等。支持方的代表人物有：著名法学家原国际刑法学会会长佩拉，英国著名国际法学家劳特派特、詹宁斯，法国国际法委员会委员佩里，国际法委员会委员杜加德，美国著名国际刑法学家巴塞奥尼，中国学者周鲤生、王铁崖、万鄂湘、贾宇等。我国不少学者系统地总结了国内外学者支持与反对国家犯罪刑事责任的观点。参见马呈元《国际刑法论》，中国政法大学出版社 2008 年版，第 449—513 页；刘霞《国家犯罪及其刑事责任的确立依据》，《湖南公安高等专科学校学报》2009 年第 1 期。

② L. Oppenheim, *International Law: A Treatise*, Vol. 1, Peace, New York: Longman. Creen, and Co., 1905, p. 204.

③ 王铁崖：《国际法》，法律出版社 2007 年版，第 76 页。

会所负的义务的理论至今仍然存在争议，但国家在国际关系中负有两种不同的法律义务的观点已经得到公认。国际法院1970年在对“巴塞罗那牵引公司案”的判决中把国际义务分为国家对国际社会所负的义务和国家对另一国所负的义务。这为由于违反不同的国际义务而产生国际罪行和国际侵权行为的区别奠定了基础。[①] 如果国家以及代表国家行为的人实施违反国际法的行为，而这种行为由于其严重性、残忍性以及对人类生命的蔑视，被列入文明国家的法律公认的犯罪行为，国家及其代表国家行为的人就应担负刑事责任。[②]

（二）国家犯罪和刑事责任的合法性

反对方的第二个论点，国家“国际罪行”的确切法律含义尚不确定。条文草案第19条的罪行定义缺乏应有的准确性，所列举的各种罪行也没有统一的标准，例如，把“大规模严重污染环境”和“以武力建立和维持殖民统治”作为国际犯罪缺乏条约根据；《禁止种族隔离公约》也并非旨在确立国家的国际刑事责任。[③] 国家犯罪和国家刑事责任违反刑法的合法性原则，违反“法无明文不定罪”和“法无明文不处罚”的原则。历史上对任何国家行为事先或事后进行的谴责，都没有能够形成关于国家“国际犯罪”的一般性立法。

支持方反驳，第二次世界大战以后的国际实践证明，侵略、灭绝种族、种族隔离、实行殖民统治和损害人类环境等已经被各国承认为性质更为严重的国际不法行为。国际法上的一些概念，如“国际习惯”和“国际法强行规范”等，远不如“国际罪行”的

① Alain Pellet, “Can a State Commit a Crime? Definitely, Yes!”, *European Journal of International Law*, Vol. 10, No. 2, 1999.

② ［英］劳特派特：《奥本海国际法（第八版）》上卷第一分册，王铁崖、陈体强译，商务印书馆1981年版，第264—265页。

③ Geoff Gilbert, “The Criminal Responsibility of States”, *International and Comparative Law Quarterly*, Vol. 39, No. 2, 1990.

定义明确具体，然而这并不妨碍它们被世界各国广泛接受。把某种行为归类为国际法上的罪行，主要是表明，国际社会极其严肃地看待有关行为，而且对该行为负责的国家本身有可能要承担报复、强制或其他比非罪行的国际不法行为所引起的更为严重的法律后果。①

（三）集体犯罪和集体惩罚的合法性

反对方提出，关于国家犯罪和国家刑事责任的主张涉及集体犯罪和集体惩罚的思想，违反法律的正义原则。② 赔偿由广大人民负担，而其在侵略战争中基本处于被驱使的地位，对侵略别国并不感兴趣，世界各国普通人民都热爱和平。所以这是在“二战”以后，严厉惩处战犯，战争赔偿则相对较轻的合理解释。③

支持方认为，国家作为抽象实体，通过“契约”的方式取得对其国民即个人的管理和支配权，也保护本国国民的生命、自由和财产。人民将主权交给一国统治者行使，当统治者的行为给他国造成损害时，人民应为国家统治者的行为负责。④ 个人与国家一起就国家的某些行为共同承担刑事责任。在国际社会中，有些价值的重要性超越了个别国家的利益，因此必须由国际社会采取集体行动进行保护。破坏国际社会利益的责任不能只限于赔偿或赔款，而应由国际社会做出决定，不仅宣布有关国家是“违法者”，而且是“罪犯”，这样显然有利于国家对其行为进行自律。⑤

---

① ［英］詹宁斯·瓦茨：《奥本海国际法（第九版）》第一卷第一分册，王铁崖等译，中国大百科全书出版社 1995 年版，第 418 页。

② Geoff Gilbert，“The Criminal Responsibility of States”，*International and Comparative Law Quarterly*，Vol. 39，No. 2，1990.

③ 梅汝璈：《远东国际军事法庭》，法律出版社 1988 年版，第 22 页。

④ Farhad Malekian，*International Criminal Responsibility of States：A Study on the Evolution of State Responsibility with Particular Emphasis on the Concept of Crime and Criminal Responsibility*，Stockholm：University of Stockholm，1985，pp. 50 – 51.

⑤ John Dugard，“International Criminal Responsibility”，M. Cherif Bassiouni（ed.），*International Criminal law*，2nd，Vol. 1，New York：Transnational Publishers Inc.，1999，pp. 239 – 253.

（四）实现国家犯罪刑事责任的可行性

反对方的第四个论点是，即使国家犯罪和国家刑事责任概念成立，国际社会也缺乏实施审判和惩罚犯罪国家所需的基本结构、制度以及共同意志。联合国系统和国际法院并非裁定某一国家行为是否违反国际法并决定处罚的适当机构。本质上讲，国际社会远不是一个法制社会，不具有产生类似国内法那样的刑事制度的条件；任何国际法庭也没有被授予可以宣布国家有罪的管辖权，把国际法扩大到建立谴责和惩罚国家犯罪行为的司法制度的时机还远未成熟。[①]

支持方的相对论点：国际实践中支持国家刑事责任的理论。《国际联盟盟约》第 16 条和《联合国宪章》第七章所规定的制裁，对于被称为战争罪的行为，部分地具有惩罚性。联合国安理会对某些犯有此类严重国际不法行为的国家，采取的措施也近似于惩罚，而不是要求赔偿。安理会的制裁措施首先是为了恢复国际和平，同时也惩罚那些实施严重违反国际义务，从而构成国际罪行的国家。[②] 而且刑罚已不再是实现刑事责任的唯一方式，非刑罚的处罚方法也可以成为刑事责任的实现方式。对于国家的惩罚，国际性的法律制裁或经济制裁，也可理解为是国际刑事责任的内容之一。[③] 国家刑事责任的实现形式概括为两类：刑事措施和准刑事措施，前者包括罚金、没收财产、限制主权、道歉、赔偿五种；后者包括经济制裁、空中禁运、海上封锁三种。[④] 限制主权包括军事占领、军

---

① Ronald C. Kramer and Raymond J. Michalowski, "War, Aggression and State Crime: a Criminological Analysis of the Invasion and Occupation of Iraq", *British Journal of Criminology*, Vol. 45, No. 4, 2005.

② John Dugard, "International Criminal Responsibility", M. Cherif Bassiouni (ed.), *International Criminal Law*, 2nd, Vol. 1, New York: Transnational Publishers Inc., 1999, pp. 239 - 253.

③ 赵秉志、王秀梅：《伊拉克战争涉及的国际法和国际刑法问题》，《河北法学》2004 年第 1 期。

④ 黄芳：《论实现国际犯罪刑事责任的途径和方式》，《中国刑事法杂志》1999 年第 6 期。

事管制、限制国家武装力量等。准刑事措施主要是指国际制裁，即联合国安理会根据宪章第 41 条和第 42 条采取的武力和非武力的制裁措施。

（五）国家作为抽象实体有无犯罪意图

反对方又提出，在国内法中所有的严重犯罪都是以罪犯有犯罪意图为条件。“社会不可能犯罪”，指控包括整体意义上的人民在内的国家犯罪是无法理解的。国家作为没有意识的抽象实体，不可能有犯罪意图，不具备国际犯罪构成的要素，所以国家不能成为国际犯罪的主体。①

支持方指出，国家违反对保护国际社会根本利益至关重要的义务的行为绝不是无意或者偶然做出，必然包含着国家故意或过失的主观因素。“战争中的犯罪行为通常不是为实现私人的利益和欲望，而是代表国家或作为国家机关而做出的。”②“双罚制”的刑事责任得到许多国家的法律制度确认，凡是代表国家做出的国际犯罪行为，国家就应当承担刑事责任，正如国家对其国际不法行为承担责任一样，不能把国家整体的意志和行为，归结为任何个人的意志和行为，也不能把国家犯罪归结为个人犯罪；更不能把国家应承担的刑事责任全部推卸给个人，作为国家本身却逍遥法外。③ 如果一个国家并未犯下侵略战争的国际罪行，那么代表该国行事的个人就不应该因此受到国际惩罚；反之，正是由于侵略国负有这方面的罪责，才使得代表国家活动的个人承担相应的国际刑事责任，并不因此而否认国家在这方面所应负的国际刑事责任。④

① Geoff Gilbert, “The Criminal Responsibility of States”, *International and Comparative Law Quarterly*, Vol. 39 , No. 2, 1990.

② ［英］劳特派特：《奥本海国际法（第八版）》上卷第一分册，王铁崖、陈体强译，商务印书馆 1981 年版，第 264—265 页。

③ Farhad Malekian, *International Criminal Responsibility of States: A Study on the Evolution of State Responsibility with Particular Emphasis on the Concept of Crime and Criminal Responsibility*, Stockholm: University of Stockholm, 1985, pp. 158 – 159.

④ 王铁崖：《国际法》，法律出版社 1981 年版，第 133—134 页。

（六）国家责任的性质

反对方的第六个论点：国家无法负担刑事责任，因为它在刑事方面没有责任能力。国家责任是一种“侵权行为责任”或者“民事（civil）责任”。作为法律问题，国家责任原则上应该限于提供赔偿或赔款的义务。即使是在战争的情况下，胜利者也无法在不违反人道原则的基础上，通过赔偿取得对大规模侵略战争造成的损害的充分救济。[①] 国际法委员会试图将民事责任观念延伸到刑事责任，这种将民法涉及的欺诈行为延伸到刑事领域的尝试易于理解，特别是当民事责任已经延伸到非故意过错行为，以及在某些领域涉及高危作业时的无过错责任。在预防、威慑和惩罚措施的政策上，民事责任与刑事责任具有法律的一致性，责任从民事向刑事延伸似乎较为容易。但在世界主要刑事审判中，民事与刑事在概念、原理和学理方面的差别巨大，以致国际刑法领域这种转化仍然困难。[②]

支持方的相对论点：对国际责任和国内责任不能做简单的类比。刑事责任意味着要有一个对犯罪行为具有管辖权并且能够确认这种责任的法庭，但这样的法庭在国际法领域目前尚不存在。即使没有法官，国际社会的反映也可以清楚地表明某些国家行为是应予惩处的犯罪。[③] 国际责任不是刑事（penal）责任，也不是民事责任。为了避免使用国内刑法中“犯罪”一词容易产生的误解；在国家责任中可以不使用“犯罪”的概念。实际情况是，国际社会存在违反国际强行法，违反对保护国际社会根本利益至关重要的国际义务的行为。这种行为与其他国际不法行为本质上属于不同的类

---

① Ian Brownlie, *International Law and the Use of Force by States*, Oxford: Clarendon Press, 1963, pp. 152 – 153.

② ［美］谢里夫·巴西奥尼：《国际刑法导论》，赵秉志、王文华译，法律出版社2006年版，第77页。

③ Alain Pellet, “Can a State Commit a Crime? Definitely, Yes!”, *European Journal of International Law*, Vol. 10, No. 2, 1999.

型。至于是否以“国家国际罪行”和“国家刑事责任”命名，无关宏旨。[①]

三　“国家犯罪及其刑事责任”的“两难选择”

综上所述，关于国家能否成为国际犯罪的主体并承担刑事责任及对国家施加刑罚的方式等问题仍在继续讨论。关于国家犯罪和国家刑事责任的研究具有支离性特征，涉及国际法、刑法（包括国内刑法、比较刑法）和人权法等若干个学科，也可以归结到自然法与实体法的冲突、国际道德与国际法的关系、国际法价值追求的位阶、正义理念的差异和正义如何实现等法哲学范畴的争论中。

从国际法学者的视角，追究国家的刑事责任无异于国际法“国家间的法”的性质及“平等者之间无管辖权”的法律原则相违背。然而许多最严重的国际罪行确实是“国家行为”的产物，例如侵略罪，只能在国家纵容和支持的情势下才可能实施。如若对国家的国际犯罪行为听之任之，可能严重威胁国际安全与和平，置国际法的价值追求于不顾。

从刑法学者的视角，获得道义上的支持或者找到某个必须依赖国家本身的力量，而实施达到国际犯罪的实例并不难。刑法学者面临合法性原则的挑战，现实中，没有一个普遍接受的国际公约明确规定国家刑事责任，而其他国际法渊源似乎只能证明国家责任的存在。[②] 另一个悬而未决的问题是，在追究国家刑事责任的同时，是否意味着该国所有公民都必须承担连带责任并接受惩罚。

---

① Alain Pellet, “Can a State Commit a Crime? Definitely, Yes!”, *European Journal of International Law*, Vol. 10, No. 2, 1999.

② ［美］谢里夫·巴西奥尼：《国际刑法导论》，赵秉志、王文华译，法律出版社 2006 年版，第 77 页。

第二节　国际法上"政府犯罪"概念的提出与应用

尽管现代国际法则在原来的基础上加入了维护人权和国际社会整体利益的目标，国家主权的地位相对下降，国际法由"软法"向"硬法"进化；但在世界主要以国家为基本的终端单位，以国家的方式组织起来这一事实尚未改变之前，[①] 一味追求"国家犯罪"及国家刑事责任在现阶段存在巨大的障碍；然而简单地回避国际社会面临的困境并放弃国际法的价值追求于不顾又是可悲的"鸵鸟政策"。

由于支持者与反对者各执一词，"国家犯罪与国家刑事责任"理论研究陷入困境。为了平衡国家主权与人权、基于国际政治现实与国际法治追求，考虑到"国家"与"政府"的区别与联系，为了有效遏制最严重的国际犯罪，20 世纪 50 年代，德罗斯特（Drost）教授提出以"政府犯罪"代替"国家犯罪"。"在司法意义上，国家犯罪的概念是行不通的。相反，政府犯罪，则是法律所承认的事实……，国家与道德无涉，而政府往往是不道德的，在法律和实践层面不可能惩处一个国家，但如果国际法律秩序提供了可以实施刑事司法的制度，政府是可以和应该受到惩罚的。"[②] "'政府犯罪'的概念最初似乎自相矛盾，政府毕竟是立法、司法和执法机关的实体。人们通常倾向于政府的职责是保护他们远离犯罪，威慑、禁锢、惩罚和教化罪犯……而往往最严重的政府犯罪——导致人身伤害，剥夺公民自由，造成经济损失，具有个人和组织以国家

---

① 这一结论来自《联合国威胁、挑战和改革问题高级别小组的报告：一个更安全的世界——我们的责任》，2010 年 3 月 6 日（http：//www. un. org/chinese/secureworld/reportlist. htm）。

② Pieter N. Drost, *International Law*: *The Crime of State*（Vol. 1 Humanicide, Vol. 2 Genocide）, Leyden: Sijthoff, 1959, p. 304.

名义行事的属性。”①

一 “政府犯罪”概念的提出

在二战后的纽伦堡审判中，审判机构通过制定完善的法律机制，处理从1933年至1945年由整个德国国家机器和众多的自愿参与者所犯下的各种有组织犯罪活动。起诉将面临保守估计约有700万的犯罪集团成员，实际包括德国大部分成年男性，可能导致上百万人受到惩罚。② 当时荷兰代表就曾建议应该宣布整个德国政府对它下级所犯暴行负责。这里暗含了一种观点即对个人（包括国家元首）和有组织团体的刑事审判都不如由政府代表整个国家为所犯罪行承担责任。当时这项提议得到澳大利亚、比利时、中国、挪威、波兰和前南斯拉夫代表团的支持。③ 一方面，公意不允许对组织犯罪或集团犯罪问题轻描淡写；另一方面，军事法庭面临起诉数百万个人并证明每一个被告是明知和自愿加入犯罪组织的不能实现的任务。

1944年12月审判机构成立了专门探讨战争罪行承担刑事责任应延伸到何级政府下属成员或有罪官员的小组，讨论的主要问题是敌国政府成员是否应为该政府推行的犯罪政策承担刑事责任。最终小组建议：在德国政府成员任职期间，存在国家机构犯下或意图犯下战争罪行，即有足够的初步证据表明其有罪，并有理由决定将其列入战争罪犯的名单中。1945年5月16日的联合国战争委员会对该建议发表评论，认为该建议尚不至于特别针对纳粹政府成员，或

---

① David O. Friedrichs, "State Crime or Governmental Crime: Making Sense of the Conceptual Confusion, in Controlling State Crime. Making Sense of the Conceptual Confusion", Jeffrey Ian Ross (ed.), *Controlling State Crime* (2nd ed.), New Bruswick: Transcative, 2000, p. 54.

② Bradley F. Smith, *Reaching Judgment at Nuremberg: The Untold Story of How the Nazi War Criminals Were Judged*, New York: Basic Books Inc., 1977, pp. 160 – 170.

③ Nina H. B. Jorgensen, *The Responsibility of States for International Crimes*, Oxford: Oxford University Press, 2000, p. 70.

宣布纳粹政府整体为一犯罪集团。但该规则明确地将政府包括在内，将纳粹政府视为犯罪集团的答案已呼之欲出。[①] 这一主张形成了审判主要战争罪犯的基础并导致人们有理由相信政府应为国家罪行负责的观念，尽管最终没有明确宣判德国纳粹政府为犯罪组织。法庭采取折中的方法，判决主要纳粹国家机构为犯罪组织——既确保不广泛损害德国公民自由，同时实现基本道德原则。这一判决具有巨大的象征性、道德性、政治性，其主要目标是将纳粹主义作为一场政治运动、作为一项国家实践，予以谴责。[②]

二　“政府犯罪”概念[③]的应用

尽管历次国际法庭没有宣布某国政府为犯罪组织或犯罪政府，国际刑事责任主体的研究聚焦于国家和个人，但“政府犯罪”的概念仍然在国内法和国际法研究中应用。

在国内法层面，政府犯罪与法人犯罪、职业犯罪和技术犯罪同归于“白领犯罪”的范畴，是政府权力滥用的结果。“作为国家权力持有者，政府为了维持对国家权力的控制，实施极端的不公正，……实体正义的要求禁止实施实际上维持这种不公正的成文和不成文法”[④]；其最广泛的含义指“国家机构——例如安全机构、军队、警察和教育机构等对人民犯下的所有罪行”[⑤]，包括腐败、非法窃听、掩盖真相、选举诈骗、虐待劳工和破坏环境等，伤害到该国大多数人的基本人权。

---

① Nina H. B. Jorgensen, *The Responsibility of States for International Crimes*, Oxford: Oxford University Press, 2000, p. 70.

② Ibid., p. 68.

③ “政府犯罪”概念的应用体现在国内法和国际法两个层面。在本书中，如无明示，“政府犯罪”均指“政府国际犯罪”。

④ Peter E. Quint, “The Border Guard Trials and the East German Past - Seven Arguments”, *American Journal of Comparative Law*, Vol. 48, Fall 2000.

⑤ Peter Weiss, “Controlling Crime by Persons Who Make, Defend, and are Supposed to Enforce the Laws”, *Criminal Law Forum*, Vol. 6, No. 3, 1995.

在国际法层面，“最令人发指的罪行，从伤害人类身体、剥夺公民自由及经济损失的角度，是由个人和国家机构以国家的名义上演……保守估计，在20世纪因国家的蓄意行为造成的死亡人数在1亿至1.35亿左右。这些死亡人数很大一部分是由于国内的种族灭绝、大屠杀和大规模集体处决而非战争造成的。21世纪大量地球居民的被杀是政府犯罪的结果”①。发生在20世纪60年代阿尔及利亚、比亚法拉、印度尼西亚，20世纪70年代柬埔寨、东帝汶和乌干达，20世纪80年代阿富汗、伊拉克和伊朗，20世纪90年代波黑、卢旺达、科索沃和扎伊尔，21世纪初塞拉利昂等令人发指的实例，被公认为犯下了灭绝种族罪、危害人类罪、战争罪，或者在武装冲突中违反人道主义法的罪行。② 联合国国际刑事法庭有很多这方面的实例。

学者研究或指明某一具体实例为政府犯罪，如日本军国主义政府1932年到1945年间的策划、建立、实施“慰安所”制度；美英当局在关塔那摩和阿布格莱德监狱的虐囚行为；非洲某些国家在内战中为控制钻石开采区将人民驱逐出家园的行为；或指明政府犯罪的某些特征——可归因于政府的有组织的行为、严重违反国际法、行为造成严重伤害；或认为一国某时期的政府为犯罪组织，例如屠杀犹太人的德国纳粹政府、支持恐怖主义的阿富汗塔利班政府、实行种族隔离的南非政府等。

针对因参与1994年卢旺达大屠杀，有超过10万卢旺达人等待审判的情势，有学者提出，如果卢旺达刑庭被授予宣判卢旺达政府和那些煽动1994年大屠杀的团体为犯罪组织的权力，同时确定对

---

① David O. Friedrichs, “State Crime or Governmental Crime: Making Sense of the Conceptual Confusion, in Controlling State Crime. Making Sense of the Conceptual Confusion,” Jeffrey Ian Ross, *Controlling State Crime* (2nd ed.), New Bruswick: Transcative, 2000, pp. 53 - 54.

② Farhad Malekian, “Emasculating the Philosophy of International Criminal Justice in the Iraqi Special Tribunal”, *Cornell International Law Journal*, Vol. 38, No. 3, Fall 2005.

这些犯罪组织的成员的最高刑，将使卢旺达国内法院的审判更为公正与迅捷，从而免除成千上万名未成年犯因漫长等待面临死刑审判的风险。审理每一个公民是否参与国家罪行，是唯一分离有罪和无罪的准确途径，但鉴于国家的大小，这都是荒谬的方法。但从纽伦堡审判获得的经验来看，对一个组织的有罪判决，并不意味着必然存在惩罚组织全体成员的威胁。国际法庭用宝贵的司法资源审理主要的政府成员和重犯。这说明，如果机构到位，运作有效，将国家或政府视为犯罪集团的概念并不一定是不公正的方法。① 纽伦堡原则如更进一步，就能将政府视为一个犯罪组织（团体），判决其有罪。

21 世纪初全球反恐，在打击有关国家恐怖主义犯罪的理论研究中，易显河教授提出，“在现行国际法的总体框架内可能需要为打击恐怖主义提供某种例外，这种例外在政府支持恐怖主义的时候适用是正当合理的。当一国政府支持恐怖主义，适用政府犯罪的概念对打击恐怖主义有一定的帮助”②。

第三节　“政府犯罪”概念出现的背景分析

“政府犯罪”概念出现于二战后的国际审判中，国际法层面的应用集中在对 20 世纪六七十年代至 21 世纪初的国内武装冲突和国际干涉行动中。“政府犯罪”替代“国家犯罪”，克服现阶段“国家犯罪”及国家刑事责任存在的障碍，仅是“政府犯罪”概念出现的直接和具体的原因；国际关系、国际法尤其是国际刑法的发展对“政府犯罪”产生、应用及研究具有深远的影响。

---

① Nina H. B. Jorgensen, *The Responsibility of States for International Crimes*, Oxford: Oxford University Press, 2000, p. 69.

② Sienho Yee, “The Potential Impact of the Possible US Responses to the 9 – 11 Atrocities on the Law Regarding the Use of Force and Self – Defense”, *Chinese Journal of International Law*, Vol. 1, No. 1, April 2002.

二战后尤其是进入20世纪90年代，国际社会最大的变化是人类的组织和活动的空间形式跨洲或跨区域方式的变化，包括各种社会关系和制度在时间和空间上的强化和深化：一方面，日常活动日益受到地球另一面所发生的事件的影响；另一方面，地方集团或社区的实践和决策可能会引起全球的强烈反响。[①] 这种现象表明，世界各国相互共存、相互依赖的关系日益密切，国际社会正进入全球化时代。国际社会的发展必然影响国际法的发展。任何国家和个人在行使权力时，都必须考虑整个国际社会的共同利益。由于严重的国际犯罪已危及国际社会的和平与发展，打击国际犯罪越来越被世界各国所重视。

一　国际法和国际关系的发展

国际法和国际关系的理论与实践发展为“政府犯罪”概念提出和研究提供理论基础。后冷战时代从政治角度看，大体上说，两极的冷战世界变成一个由美国主宰的，包括俄罗斯、中国、法国等“类大国”的多极化世界；从经济角度看，一个包含所有国家和地区的相互依存的世界经济体正在产生。这种状态下，国际法在价值理念、适用对象和制度构建方面都发生了巨大的变化，称之为“共进国际法”，其最终目的是实现人类的共同繁荣。[②]

在不改变国际法基石性原则的基础上，有些原则正朝着相对性原则方向蜕变，例如不干涉内政原则趋向“人道主义”与保护的责任。随着全球化的发展，各国为了更好地融入国际社会，将原本属于各国主权范围内的事项如关税和司法，交由国际组织处理，而作为国际法基石原则的“国家主权”的内涵正悄然发生变化。在人类克服全球性危机过程中，某些新的原则，如“全人类共同利

---

① ［美］戴维·赫尔德：《民主的模式》，燕继荣译，中央编译出版社1998年版，第425—426页，

② Sienho Yee, *Towards an International Law of Co-progressiveness*, Leiden: Martinus Nijhoff Publishers, 2004, pp. 1-26.

益原则”也应纳入国际法基本原则体系中。[①]

国际法从习惯法向成文法，从任意法向强行法，从实体法向程序法的趋势已势不可当，国际法碎片化的现象因《维也纳条约法公约》的签订与实施，国际组织间的合作、国家间的协调有所缓解。[②] 立法性条约明显成为国际法的中心，国际社会日益达成如下共识：除一般国际法规则外，保护国际社会基本利益的多边条约应该具有绝对性，约束第三国。出现了求助于安理会决议和一般法律原则的现象，创造性地运用安理会决议成立前南斯拉夫国际刑庭和卢旺达国际刑庭。[③]

国家是传统国际法主体。战后国际政治格局的发展——联合国建立、反殖民主义兴起、冷战的开始与结束、多极化进程的推进加深了国际交流，拓展了国际关系，非国家行为体发展日益迅速和多元化。特别是以联合国为代表的国际组织在国际社会政治、经济、文化各方面发挥了重要的作用。1949 年国际法院做出“关于为联合国服务而受损害的赔偿问题”的咨询意见之后，国际组织的国际法主体资格得到一般的确认。二战后民族解放运动席卷全球，亚非拉新兴独立国家崛起，出于自身被压迫的惨痛经历，这些国家对仍在争取独立的民族充满同情，争取独立的民族也被视为一种单独的国际法主体。进入 21 世纪之后，其他的非国家行为人，如国际非政府组织、次国家政府（如中国香港）、跨国企业和个人越来越多地参与国际事务，其在国际法上的地位，也有不同程度的突破。

国际法的领域随人类文明的发展而扩大。今天国际法涉足的范围已非常宽广，从外层空间探测的规则到大洋洋底的划分，从人权

---

① 王建秋：《未来十几年国际法基本原则发展趋势探析》，《潍坊学院学报》2006 年第 9 期。

② 古祖雪、陈辉萍等：《国际法学专论》，科学出版社 2007 年版，第 107—135 页。

③ 李洁：《全球化时代国际法的发展》，《江汉论坛》2005 年第 11 期。

的保护到国际金融体系的管理，其所涉领域已从以维护世界和平为主几乎扩大到当代国际生活的所有方面。由于国家经济的日益国际化和建立国际经济新秩序的要求，过去主要以调整国家间政治关系为任务的国际法，迅速向经济领域伸展。在此过程中，原有的国际经济法逐渐发展出国际贸易法、国际货币法、国际投资法、国际产品责任法、国际反托拉斯法、国际税法等许多次部门法；20 世纪 80 年代以来，各国经济进一步渗透和依赖，特别是发达国家私人企业向发展中国家投资的需求，使关于保护投资的国际立法成为国际社会的重要议程。①

伴随着国际经济、政治、文化、科技的发展，出现和发展了诸如强行法（jus cogens）、对世义务（obligations Erga Omnes）、普世价值（Universal values）、人类良知（the conscience of mankind）、共同利益（community interest）、保护的责任（The Responsibility to Protect）等国际法理念，代表人类对国际社会发展的美好追求。在全球化（在科学技术的推动下，经济全球化、政治全球化、生态全球化、文化信息全球化）的进程中，超越各民族和各阶级利益的普遍性全人类利益正在形成，正如国际法院智利法官阿尔伐列兹说，“世界有了新秩序，就必然要有一个‘新的国际法’”。全球性问题（如经济问题、环境问题、人口问题、资源问题等）日益凸显，在宏观层面使得国际法迈向全球化、人本化。因此国际社会需要发展普遍性的国际法规范以应付全球性问题，使国际社会健康发展。随着全球化的影响愈来愈大，国际法的理念、价值、原则越来越注重个人和整个人类的利益。即使在国际社会仍主要以国家为终端单位的情况下，国际法正从国家本位迈向人本主义。② 国际法和国际关系的理论与实践发展为“政府犯罪”概念提出和研究提供了良好的理论基础。

---

① 王铁崖：《国际法》，法律出版社 1995 年版，第 355 页。

② 曾令良：《现代国际法的人本化发展趋势》，《中国社会科学》2007 年第 1 期。

二 国际刑法的发展

国际刑法的发展为“政府犯罪”概念的提出及研究提供制度框架。国际刑法[①]是规定国际犯罪及其刑事责任和国际刑事合作的公约、条约和惯例，以及各国国内法中相应法律规范的总和，以实现维护国际社会的公共秩序和共同利益。学者论及现代国际刑法(1919 年至今）的发展通常以时间和内容为坐标。

以时间为维度，在国际刑法的发展道路上，分为四个阶段，三块重要的里程碑：第一阶段（1919—1955 年)，是国际刑法发展的第一个高峰。在第二次世界大战刚刚结束之后不久，国际刑法就在《纽伦堡原则》中得到了显著的发展。这些原则不仅详细规定在《纽伦堡国际军事法庭宪章》中，而且在纽伦堡和东京法庭中得到适用，最后还得到了联合国大会的确认。第二阶段（1955—1992年）是国际刑法发展的低谷，亦被称为“沉寂的年代”。由于冷战的影响，由纽伦堡和东京发出的信号在各国和国际社会的实践中没有引起什么反响。第三阶段（1992—1998 年）是国际刑法发展的

---

① 国际刑法的组成部分来自一个或多个法律学科及其分支，包括国际法、国家刑法、比较刑法与程序和国际与地区人权法等，可划分为国际法的刑事法律部分和各国解决跨国犯罪时是否适用本国刑法的规范总和。国际刑法可被划分为：(1）国际法的刑事法律部分；(2）各国解决国际犯罪时，是否适用本国刑法的规范总和，如域外管辖原则，国家之间、国家与国际法律机构之间刑事管辖冲突，适用于国际刑事合作模式的国家与国际法律渊源或者间接执行制度等。国际刑法较之其他法律部门，是两个双重性的交织，(1）国际法刑法化和国家刑法国际化的交叉——体现为实体上国内法律的国际化，国际法的刑法化以及国际性法律规范对国际犯罪的调整；(2）实体法和程序法的融合——表现为国际与国内之间、各国之间的司法协助与合作，除了实体法和诉讼法以外，还有比较法的内容。国际刑法所追求具体目标是预防和处罚国际犯罪、促进国际刑事责任机制、减少刑罚的免除，建立国际刑事司法体系。这些目标各自隶属于国际刑法的不同部分，而每个组成部分都来自一个或多个法律学科及其分支，包括国际法、国家刑法、比较刑法与程序和国际与地区人权法等。尽管国际刑法在学说上、方法上都缺乏作为一门独立法学学科的连贯性，然而国际刑法的不同组成部分因打击国际犯罪的共同价值定位，相互之间存在着功能上的契合关系，而构成了一个功能上的整体。参见［美］谢里夫·巴西奥尼《国际刑法导论》，赵秉志、王文华译，法律出版社 2006 年版，第 2 页；贾宇《国际刑法学》，中国政法大学出版社 2004 年版，第 1—14 页。

第二个高峰，联合国为前南斯拉夫和卢旺达创设的特别法庭，重新确认了习惯法作为国际刑法的地位。第四阶段（1998 年至今）产生了国际刑法最闪耀的成果——签署并于 2002 年生效的《国际刑事法院罗马规约》（the Rome Statute of the International Criminal Court）（简称《国际刑事法院规约》，ICC Statute）。《国际刑事法院规约》代表国际刑法的第一次综合性的法典化，确认并明确了习惯性国际刑法。①

为了论述之便利，本书以二战结束（主要是冷战后）为始，以国际刑法主要内容为纲，简述国际刑法的发展对“政府犯罪”概念提出及研究的意义。

在建立国际刑事责任体系的过程中，国际法曾经面临两个主要的障碍：首先在古典国际法中，国家是唯一的主体。因此，在国际法中建立刑事规范就首先要求承认个人是国际法的主体。其次有必要克服国家对外部干涉的防卫性态度，这种态度根源于主权的概念。二战结束（主要是冷战后），国际刑事法得到极大的发展，这两个障碍最终都被克服。

在二战以及其后几十年里，国际社会再次被政府所命令或者所掩盖的重大犯罪而震惊。但在冷战时期，由于缺乏政治意愿，无法使用刑事惩罚来防止由国家权力支持的暴行。冷战结束之后，联合国在原南斯拉夫和卢旺达发生的令人感到恐怖的犯罪刺激下，才表现出新的政治意愿，创设国际刑事审判庭。因此，国际刑事法的演进，可以说是人类历史一些最黑暗篇章的结果。这些灾难某种意义

---

① 参见［美］谢里夫·巴西奥尼《国际刑法导论》，赵秉志、王文华译，法律出版社 2006 年版，第 326—417 页；贾宇《国际刑法学》，中国政法大学出版社 2004 年版，第 22—30 页；古祖雪、陈辉萍等《国际法学专论》，科学出版社 2007 年版，第 281—299 页；黄风、凌岩等《国际刑法学》，中国人民大学出版社 2007 年版，第 18—28 页；［德］格哈德·韦勒《国际刑法学原理》，王世洲译，商务印书馆 2009 年版，第 12—13 页；M. Cherif Bassiouni，“From Versailles to Rwanda in Seventy - Five Years：The Need to Establish a Permanent International Criminal Court”，*Harvard Human Rights Journal*，Vol. 10，Spring 1997.

上为世界性司法成为现实，创造了有利的政治条件。①

（一）国际刑事责任主体的多元化

就国际公约的明文规定的主要国际犯罪而言，其相应刑罚适用对象仅为个人。新近的国际司法实践，使国际刑事责任的承担主体更加明确与宽泛，涉及个人、法人（团体或组织）或国家等多元主体的国际刑事责任。法人（团体或组织）刑事责任主体兴起之初的法律依据主要有《纽伦堡国际军事法庭宪章》与远东监控委员会第10号法案。前南斯拉夫刑庭和卢旺达刑庭的新近审判实践表明法人犯罪参与者应承担相应的国际刑事责任，其法律依据分别是《前南斯拉夫国际刑事法庭规约》第7条第1款和《卢旺达国际刑事法庭规约》第6条第1款。据此，国际刑事法庭可以追究法人（团体或组织）犯罪参与者间接的个人刑事责任，将其作为此类集体刑事责任的一部分。至于国家的刑事责任主体地位，则一直颇有争议。

（二）国际刑法原则的新发展

罪刑法定原则、国际刑事责任原则和国际刑事合作原则伴随着国际刑法理论与国际审判实践的更新，而逐渐被赋予崭新的时代内容和法治精神，一系列新的概念和认定逐渐为国际社会所接受。

以罪刑法定原则为例——法律规范必须明确界定国际犯罪和相应的刑罚，以防止司法权滥用和避免任意适用法律。在ICTY、ICTR等联合国特设的国际刑事法庭和国际刑事法院的立法和司法活动中，进一步明确了认定习惯国际法中若干主要国际犯罪，如灭绝种族罪、战争罪和危害人类罪的法定犯罪要件。而在国际刑事责任原则方面，共犯中个人刑事责任如教唆、单位共同犯罪、指挥责任的新进展表现突出。②

---

① ［德］格哈德·韦勒：《国际刑法学原理》，王世洲译，商务印书馆2009年版，第12—13页。

② 蒋娜：《国际刑法基本原则的新进展》，《刑法论丛》2009年第3期。

（三）国际刑事立法不断向法典化迈进

国际社会努力使国际刑事立法向法典化迈进。1996 年通过的《危害人类和平及安全治罪法草案》，除了是历史上确定国际犯罪种类最多的草案，还避免了原有国际公约不含刑罚特征的弊端，吸收了现代国际公约及国际刑法发展中逐步形成的有关刑罚适用的规定和特点，充分展示了国际犯罪行为的特征。2002 年通过的《国际刑事法院罗马规约》确立了严格的诉讼机制和行政机制，其细微之处囊括了国际刑事法院的各个环节。这不仅为国际刑事法院的有效运行提供了极大的便利，而且是国际法在实体上和程序上有效结合的典范。《治罪法草案》和《罗马规约》的编纂与通过，使国际社会制定国际刑法典的努力向前迈进了一大步。[①]

（四）不断探索完善实现国际刑事责任的体系和框架

国际刑法的执行通常划为直接和间接执行两种制度。[②]

前南斯拉夫国际刑庭和卢旺达国际法庭是安理会依照《联合国宪章》第七章赋予的权力建立的，不体现国家主权的自愿出让，不拥有完整有效的直接执行能力的综合系统，依靠各国向它们逮捕、提供司法协助以及执行刑事判决。国际刑事法院是基于国际公约建立，有着同前南斯拉夫国际刑庭和卢旺达国际法庭相似的执行制度，有赖于国家间的合作，且只对缔约国有约束力，可视为混合的直接实施体系。除了 ICTY、ICTR 和 ICC，国际社会还发展出国际刑事审判和执行的混合模式，或者说带有国际因素的国家模式。

---

① 贾宇：《国际刑法学》，中国政法大学出版社 2004 年版，第 26—27 页。

② 直接执行制是一种纵向一体的综合性国际刑事司法制度，由调查、起诉、审判、制裁和执行等各个部分组成。纽伦堡国际军事法庭和远东国际军事法庭是这种纵向一体的综合直接执行制度的典型先范。从那时起再也没有出现过类似的国际刑事司法制度，原因可能在于国家拒绝在此领域出让各自的主权。

间接执行制度是通过国家法律制度执行国际刑法，基于“或引渡或起诉”的原则，采用法律协助、外国判决的执行、外国判决的认可、刑事审判的移送、冻结和查封犯罪所得、情报和法律执行信息的共享以及区域和次区域的司法空间，因为间接执行制度是通过各国法律体系的协作来运行的，国际合作形式的有效性必然反映出各个国家法律体系的长处与不足。

如联合国设立的塞拉利昂问题特别法庭（SCSL）、柬埔寨法院特别法庭（ECCC）、黎巴嫩问题特别法庭（STL）等。当然它们的执行制度的混合模式也各有不同。[①]

本章小结

尽管“政府犯罪”概念在学术研究和国际司法实践中曾被提及，但国际刑事责任主体的研究聚焦于国家和个人，国际司法实践只追究了个人和有组织团体的刑事责任，犯罪团体或组织中是否包括政府，没有明确的答案。

即使有学者提出以“政府犯罪”的概念代替“国家犯罪”，有学者认为“国家犯罪”或“政府犯罪”存在概念上的混乱；但在国际法层面，政府国际犯罪被理所当然地视为国家犯罪的一部分，政府刑事责任就是国家刑事责任（见图1—1）。

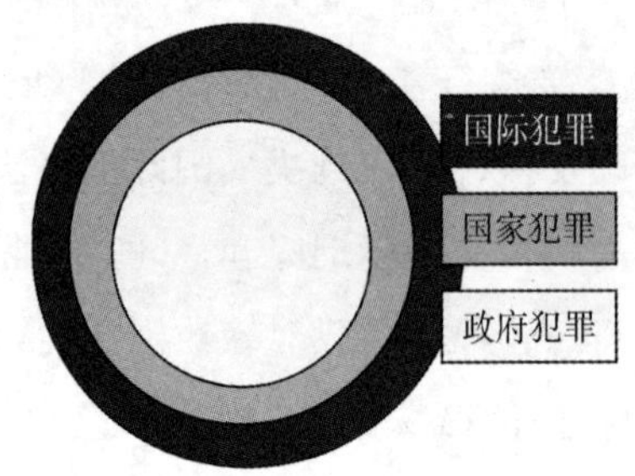

图1—1　“国家犯罪”包含“政府犯罪”

究其原因，长期以来，在国际法层面，政府往往与所在国家被等同起来，本国政府行为、或其官员行为、或在政府命令下或经其授权的个人行为直接归咎于国家。在论及“国家犯罪”时，政府

① 参见［美］谢里夫·巴西奥尼《国际刑法导论》，赵秉志、王文华译，法律出版社2006年版，第283、327—329页。See also Lyal S. Sunga, *The Emerging System of International Criminal Law: Developments in Codification and Implementation*, The Hague: Kluwer Law International, 1997.

行为（governmental act）往往作为最重要的条件。巴西奥尼在其1979年拟定的《国际刑法典草案》中，特别列举了国家承担刑事责任的几种情形，其中一种是：如果个人或团体以官方资格，即这些人按该国国内法有权做出关于国家的政治性的决议，或拥有该国机关、代表的地位或该国家的手段或政治之类的手段，由他们所实施的行为应归咎于国家；上述以这种资格所做的行为，即使其行为超出了其实体权力范围也应归咎于国家。《国家责任草案》中“可归因于国家的行为”第一款即包括政府行为。

因此，国际法层面的政府犯罪被当然地视为国家犯罪，因此政府的刑事责任理所当然地与一国的刑事责任是等价的概念。“国家犯罪”与“政府犯罪”术语在文献中往往混用。既然有关国家犯罪和国家刑事责任的理论尚在争论，何谈“政府犯罪及其国际刑事责任”，其应用存在概念模糊、特征不明、与同一领域其他术语关系混乱等问题。

由于“国家犯罪和国家刑事责任”的讨论通常限定在国际法领域，“犯罪”一词又表明其与刑事法的关系。在此语境下用以替代“国家犯罪”的“政府犯罪”，其概念的内涵与外延事实上与“政府国际犯罪”相一致（在本书中如无特指，“政府犯罪”即为“政府国际犯罪”），是作为适用国际刑事法律的“国际犯罪”的种概念（详细论述见本书第二章）。

规模巨大和危害严重的国际犯罪，有时确实是公权力行为的产物，危及包括各个国家在内的国际社会整体利益。诚如德罗斯特教授所见，国家是与道德无涉的实体，历史有不少例证说明，在政府机构和绝大多数人民之间可能存在鸿沟，以种族隔离和灭绝种族最为典型，所以在国际法层面国家犯罪与政府犯罪的关系为何尚待研究。

在承认国家犯罪的前提下，审理每个公民是否参与国家罪行，是唯一分离公民有罪和无罪的准确途径，鉴于国家的规模，这种方法明显缺乏可行性。尽管政府也是抽象实体，较之全体公民却是少数，国家作为主权享有者比政府作为主权行使者更稳定更抽象。较之惩罚国家，以政府刑事责任替代国家刑事责任，具有道德上的合理性，可以避免对全体人民集体惩罚的风险。

基于纽伦堡审判的经验，对一个组织的有罪判决，并不意味着必然存在惩罚组织全体成员的威胁。国际法庭用宝贵的司法资源审理主要政府成员和重犯说明，如果机构到位，运作有效，将政府视为犯罪集团的概念并不一定是不公正的方法。① 所以在现有国际犯罪刑事责任体系中，建立政府国际犯罪刑事责任制度更具可行性：某国政府一旦被国际法庭宣判构成犯罪集团，其政府人员将单独地承担责任。这将会以确认现行政府不再合法的方式，达到谴责国家的效果，避免谴责全体国民的风险，从而允许一个崭新的、合法的政府重新执掌国家。当然，亦可以政府本身作为国家的实体代表直接做出制裁。②

因此，在国际法视域下研究"政府犯罪及其刑事责任"（或将"政府国际犯罪及其国际刑事责任"作为研究对象），明确界定政府国际犯罪定义、特征和判断标准，将填补这一概念定义研究的空白；其次，重新审视政府国际犯罪与国家犯罪间的关系，如能主张政府犯罪超越国家犯罪而独立存在，将是国际刑事法律理论研究的创新，能在一定程度上缓解"国家犯罪和国家刑事责任"的理论困境；再次，依据"方法整体论"，将法律实体犯罪的理论类推应用到政府国际犯罪的研究中，探索建立政府国际犯罪刑事责任追究机制，有助于推动国际犯罪刑事责任理论与制度的发展，回应国际社会遏制最严重国际犯罪的呼声。

---

① Nina H. B. Jorgensen, *The Responsibility of States for International Crimes*, Oxford: Oxford University Press, 2000, p. 69.

② Pieter N. Drost, *International Law: The Crime of State* (Vol. 1 Humanicide, Vol. 2 Genocide), Leyden: Sijthoff, 1959, p. 304.

第二章　国际法上“政府犯罪”的定义

国际法上“政府犯罪”缺乏明确的定义，其理论研究受概念模糊的束缚。[①] 因本书将“政府犯罪”的研究限定在国际法的领域，“犯罪”一词又表明该概念与刑事法的关系，即政府犯罪定义研究的范围被限于国际法的刑事法律部分[②]（或简称“国际刑事法”），因此下文为论述之便，以“政府国际犯罪”或“政府犯罪”代替“国际法上‘政府犯罪’”。

就概念的逻辑[③]特征而言，明确政府国际犯罪的概念就是明确该概念的内涵和外延，[④] 以列出政府犯罪的特有属性来描写或规范

① 笔者不能担保文献收集的全面性，但在收集到的资料中，未找到“政府犯罪”的定义。本章部分内容已发表于钱晓萍《国际法视域下的政府犯罪概念初探》，《西北大学学报》（哲学社会科学版）2011 年第 3 期。

② 国际法的刑事法律部分是“国际刑法的公法”部分。其中法律内容来自“公约”“习惯”和“一般法律原则”，即《国际法院规约》第 38 条所规定的“国际法的渊源”；具体包含国际犯罪（属物事由 Ratione materiae）、国际刑事责任要素、国际刑事法直接执行制度的程序，以及国际刑事法间接执行制度执行模式。参见［美］谢里夫·巴西奥尼《国际刑法导论》，赵秉志、王文华译，法律出版社 2006 年版，第 1—6 页；贾宇《国际刑法学》，中国政法大学出版社 2004 年版，第 8 页；马呈元《国际刑法论》，中国政法大学出版社 2008 年版，第 1—13 页；朱文奇《国际刑法》，中国人民大学出版社 2007 年版，第 1—2 页；［美］谢里夫·巴西奥尼《国际刑法的渊源与内涵——理论体系》，王秀梅译，法律出版社 2003 年版，第 8—15 页。

③ 本书的逻辑是指思维的规律、规则，思维是借助语言，运用概念、判断和推理，对事物及其属性做出抽象和概括的反映，逻辑以概念为起点。

④ 概念（concept）是反映客观事物的特有属性（或本质属性）及其对象范围的思维形式：概念都有其确定的内涵和外延，概念的内涵即概念具有的内在含义，是指概念对思维对象特有属性的反映；概念的外延即概念所指的对象范围，是指具有概念所反映的特有属性的对象。定义是明确概念内涵的逻辑方法，通过列出事物的基本属性来描写或者规范概念的意义。参见牟宗三《理则学》，江苏教育出版社 2006 年版，第 3 页；王莘《逻辑》，北京大学出版社 2009 年版，第 1—2 页；张大松、蒋新苗《法律逻辑学教程》，高等教育出版社 2003 年版，第 1—2 页。

概念的意义。政府国际犯罪概念的科学定义，应实现在特定情况下，判定是否存在政府犯罪的情况，并作为与其他相关概念区分的标准，是政府犯罪系统研究的基础。

第一节　定义政府国际犯罪的基础

一　定义政府国际犯罪的方法

（一）“政府国际犯罪”的概念与术语

政府国际犯罪的概念是“政府”和“国际犯罪”两个语词联合使用的语言形式，以表达特定的思想内容。由于在不同的语境中，同一个语词所表达的概念可以是不同的；确定政府国际犯罪概念所在的语境，需要借助表达政府国际犯罪概念的术语与政府国际犯罪概念隶属的术语系统。①

政府国际犯罪的概念是以政府国际犯罪术语的形式表达。术语不是单纯的符号，而是概念在人的头脑中存在的必要条件，能反映出概念的内容以及它与其他概念的联系。② 本书对政府国际犯罪的定义范围限定在国际刑事法领域，因此政府国际犯罪术语指称的概念，是在国际刑事法的属物事由“国际犯罪”之下的概念，与同一领域术语系统中的其他概念如“国家犯罪”“强行法犯罪”“最严重的国际犯罪”“对世义务”“灭绝种族罪”等相互联系，既是其中的一个成分，又与其他概念构成一个相对独立与统一的术语

---

①　概念与语词（word）有密切的联系，语词是概念的语言形式，概念是语词的思想内容。概念与语词又是有区别的：第一，任何概念都要用语词表达，但并非任何语词都表达概念；第二，不同的语词可以表达同一概念；第三，同一个语词在不同的语境中，可以表达不同的概念。

②　概念以术语（term）的形式表达，术语是“以概念系统中的科学、技术或者其他专业概念为其内容的词和词组”，是在某一领域概念系统中“其语音符号与相关的（有联系的）概念成统一体的词或词组”，或是“某一领域附有确定概念并与该领域其他名称相关并与它们构成术语系统的称名单位”。郑述谱：《术语的定义》，《术语标准化与信息技术》2005 年第 1 期。

体系。

（二）内涵定义法[①]

概念的本质特征有时不能外显在表达该概念的术语中，还要通过定义才能揭示。现代定义理论中的定义方法有内涵定义、语词定义和外延定义，其中内涵定义是各种定义的基础。与定义理论相关的基本概念除了概念的内涵和外延之外，另一组基本概念是属和种。在传统逻辑中，通常把外延大、包含另一概念的概念叫作属概念，把外延小、被包含的概念叫作种概念。属概念与种概念之间的相互关系在逻辑中称为属种关系。例如在国际刑事法律方面，政府国际犯罪相对国际犯罪是种概念；而相对“政府犯种族隔离罪”是属概念。

本书中对政府国际犯罪概念的定义方法以内涵定义为基础，用公式表示为：被定义概念 = 种差[②] + 邻近属概念，并辅以语词定义和外延定义。内涵定义法首先要找出被定义项的邻近属概念，然后将被定义项所反映的对象与同层次的种概念做比较，找出被定义概念所独有的，不同于其他同属概念的本质差别（即种差），准确揭示种差是内涵定义法成功的关键。本书寻找政府国际犯罪种差和邻近属概念的方法是归纳（个别到一般）和类比（个别到个别，相似对象间的相似属性）。

---

① 参见牟宗三《理则学》，江苏教育出版社 2006 年版，第 10—13 页；王莘《逻辑》，北京大学出版社 2009 年版，第 38—34 页；张大松、蒋新苗《法律逻辑学教程》，北京高等教育出版社 2003 年版，第 29—31 页。内涵定义也称为真实定义法、实质定义，是揭示概念内涵的定义，即属加种差定义。由于种差可以从不同的方面去找，因此自加种差定义也有不同的种类，如性质定义、发生定义、功用定义和关系定义等。语词定义就是对语词意义的标准用法或特殊用法的界定，用来说明或规定语词的含义。外延定义是通过列举一个概念的外延，使人们获得对该概念的某种理解和认识，从而明确该概念的意义和适用范围的逻辑方法。

② “种差”是指同一属概念下，被定义概念所独有的不同于其他同属同级种概念的本质差别；“ + ”表示定义连接项，如“就是”“是指”等，“邻近属概念”是指比被定义概念的外延大而又接近被定义概念外延的属概念。

二　"政府"的定义

政府的概念具有多样性。从当代多元主义政治理论的角度，政府以调节社会冲突"仲裁者"的面目出现；[①] 社会契约论者如卢梭认为，政府是在臣民与主权者之间所建立的一个中间体，以便两者得以互相适合，负责执行法律并维护社会的以及政治的自由；马克思主义者认为，政府是国家进行阶级统治调控、权力执行和社会管理的机关。[②]

一般而言，政府有广狭两种含义：广义的政府泛指一切行使公共权力机关，包括中央和地方的立法、行政、司法、国防、外交、财政、内政等各种各类处理国家公共事务的机关，或具有制定法律和执行法律权力的政治组织，或国家机器的总和。狭义政府指国家机构中的行政机关，即一个国家权力体系中依法享有行政权的组织体系。政府体系由国家元首、行政机构、立法机构和司法机构等组成，它们之间的力量对比决定了一个政府的组织类型。[③]

帕克教授（Richard Parker）在论及修改宪法以限制政府的必要性和可行性时，提出两个政府的概念，一个是可根据宪法规定的政府权力和范围（颁布和执行的所有法律和法规）定义政府；另一个"政府"的定义（笔者认为是最广义的）"不仅着眼于宪法赋予权力和影响力，而是作为管理阶层——不只包括官僚和利益集团，而是具有官职的个人组成的某种集合，相信他们比民众更优秀，他们负有统治美国人民的权力，……主要的心理特征是一种自恋和膨胀，使他们相信超然于公众在原则上是一件好事……这似乎

---

① 商红日：《国家与政府概念的再界定——兼论国家与政府的区别》，《北方论丛》2001 年第 3 期。

② 谢庆奎：《当代中国政府与政治》，高等教育出版社 2003 年版，第 8 页。

③ 孙关宏：《政治学概论》，复旦大学出版社 2003 年版，第 167—172 页。

才是美国人民想要限制的政府”①。

在《牛津法律大辞典》“政府”是指：第一，政府是统治和领导各种国家事务或其部分事物的程序和实践机制；第二，指享有这种统治和领导职能的人所组成的机构；第三，议会中选举产生内阁和部长的政党，与反对党相对应。在《布莱克法律大辞典》中，政府是决定管理国家或机构的一系列原则和制度；民族或国家的主权权力；民众行使政治权力的组织机构；主权权力表达的机制。从这个意义上讲，该术语是指一国家集体的政治机关，不论功能或级别及处理的事务范围。

结合上述观点，政府是指国家和地区的统治机构，是国家和地区公共权力的象征、承载体和实际行为体；为维护和实现特定的公共利益，以暴力为后盾的政治统治和社会管理组织；政府的实体表现为行使国家和地区公权力的机构，主要指（但未穷尽）立法、司法和行政机构（并包括武装部队、警察、准军事团体和受让行使公权力的民办机构）。在本书中政府是行使公权力，统治和领导国家和地区各种公共事务的人所组成的机构，在一国之内，从国际法的角度，则是“作为国家的代理人并具有授权的国家机关的实体，在国际上可能有单独的人格和适当的活力”②。

三　“国际犯罪”的定义

国际犯罪派生于包括国际公约、国际习惯法和法律一般原则在内的国际法渊源，是将某种行为犯罪化，力求实现保护国际社会利益和预防危害行为的产物，是国际刑事法律方面的对事管辖权（属物事由，ratione materiae）。在国际法领域内讨论政府国际犯罪，

① Richard Parker, “Showcase Panel III: Are Constitutional Changes Necessary to Limit Government? Two Concepts of Government”, *Northwestern University Law Review*, Vol. 102, No. 1, Winter 2008.

② ［英］伊恩·布朗利：《国际公法原理》，曾令良、余敏友译，法律出版社 2007 年版，第 57 页。

国际犯罪必然是政府国际犯罪的属概念或上位概念。明确界定“国际犯罪”的概念是讨论政府国际犯罪的前提。国际社会就国际犯罪的概念没有形成统一的定义，总体来说，定义来自：

（一）国际刑事法方面条约和文献

针对特定国际犯罪的国际刑事法律方面的国际条约[①]（包括区域条约），采取列举的方式说明该犯罪行为的内涵，宣布其为“国际罪行”，应予惩处。例如1948年《防止及惩治灭绝种族罪公约》、1971年《关于制止危害民用航空安全的非法行为的公约》（蒙特利尔公约）、1994年《禁止和惩治种族隔离罪行国际公约》、2000年《制止向恐怖主义提供资助的国际公约》等。[②]

联合国国际法委员会起草的相关法案。1991年国际法委员会一读通过的《危害人类和平及安全罪法典草案》，以列举的方式规定下列行为构成危害人类和平及安全的罪行，包括：侵略和威胁进行侵略、灭绝种族、战争罪、干涉、殖民统治及其他形式的外国统治、种族隔离、雇佣军行为、恐怖主义行为、贩运毒品和恶意地严重破坏环境。将侵略罪、战争罪、灭绝种族罪、危害联合国及其人员罪和反人道罪等罪行列为国际犯罪。[③] 至1996年一读通过的

---

① 还包括国际公约中的国际刑事法律部分。例如1959年《南极条约》有关非法持有或放置武器罪的规定、1982年《海洋法公约》中有关海盗罪、毒品犯罪、危害国际环境罪等规定。

② 以1948年《防止及惩治灭绝种族罪公约》文本为例：“缔约国确认灭绝种族行为，不论发生于平时或战时，均系国际法上的一种罪行，承允防止并惩治之。第1条规定：本公约内所称灭绝种族系指蓄意全部或局部消灭某一民族、人种、种族或宗教团体，犯有下列行为之一者：a. 杀害该团体的成员；b. 致使该团体的成员在身体上或精神上遭受严重伤害；c. 故意使该团体处于某种生活状况下，以毁灭其全部或局部的生命；d. 强制施行办法，意图防止该团体内的生育；e. 强迫转移该团体的儿童至另一团体。再如1970年《制止非法劫持航空器的公约》第1条：凡在飞行中的航空器内的任何人：（1）用暴力或用暴力威胁，或用任何其他恐吓方式，非法劫持或控制该航空器，或企图从事任何这种行为，或（2）是从事或企图从事任何这种行为的人的同犯，即是犯有罪行。”

③ 1996年二读通过的法典草案对1991年草案列举的罪行进行了大幅度的删减，去掉了那些内容不太明确、难以定义或尚未被普遍承认为国际罪行的部分，只保留了侵略罪、战争罪和灭绝种族罪；然后，在此基础上增加了危害联合国及其人员罪和反人道罪等两项罪行。参见1996年《危害人类和平及安全罪法典草案》，2012年1月12日（http://untreaty.un.org/ilc/texts/instruments/english/draft%20articles/7_4_1996.pdf）。

《国家责任条文草案》第19条，则更进一步采取概括与列举相结合的方式定义国家国际犯罪。虽然该定义将国际犯罪的主体限定为国家，仍然可以抽象出国际犯罪行为的一般特征，对于确定适用于所有犯罪主体的国际犯罪的普遍定义，具有指导意义。

国际性刑事法庭规约。2000年《国际刑事法院罗马规约》第5条规定“本法院的管辖权限于整个国际社会关注的最严重犯罪……”。第6—8条采取概括与列举相结合的方式定义灭绝种族罪、危害人类罪和战争罪；第9条规定“本法院在解释和适用第6条、第7条和第8条时，应由《ICC犯罪要件》辅助”。类似情势包括《前南斯拉夫问题国际刑事法庭（ICTY）规约》《卢旺达问题国际法庭（ICTR）规约》和《柬埔寨法院特别法庭（ECCC）规约》等具有国际性质的刑事法庭规约，各自明确其所管辖的国际犯罪的定义。

（二）学者研究的定义

各国学者对国际犯罪的定义不胜枚举。[①] 除采取列举的方式说明何种罪行为国际犯罪外，学者亦尝试对国际犯罪做出一般性和概括性的定义，通常全部或部分包括四个特征：含有国际因素[②]、危害国际社会（根本）利益、违背国际社会公认国际法规范尤其是国际刑事法律规范、应当承担国际犯罪的刑事责任的行为。

例如巴西奥尼教授在《国际刑法典草案及国际刑事法院规约草案》一书中指出：“国际犯罪是这样一种行为，即根据国际法的规定，国家负有国际义务使其犯罪化，并使有关行为人被起诉或引渡且最终受到惩罚的行为。”[③] 其后在《国际刑法导论》中，他认

---

① 有关各国学者对国际犯罪的定义，可参见李海滢《国际犯罪的基设性理论研究》，吉林大学出版社2008年版，第41—47页。

② 有些国际罪行并不具有跨国的因素，如种族灭绝、种族歧视、种族隔离和其他在一国境内发生的大规模侵犯人权的罪行，但这些罪行由于可被视为震撼人类良知，影响世界和平与安全，侵犯了国际社会的根本利益，因此亦可视为含有国际因素。

③ M. Cherif Bassiouni, *A Draft of International Criminal Code and Draft Statute for an International Criminal Tribunal*, Hingham: Klunwer Academic Publisher, 1987, pp. 41 - 42.

为国际犯罪违反国际刑事法规范中的禁止性规定，可能影响人类的和平与安全，悖反人类基本价值观，该行为也可能是国家行为或者国家政策支持的产物；并提出犯罪国际化的五要素。[①]

（三）本书中国际犯罪的定义

国际犯罪侵害的是国际社会试图通过国际立法保护的各种利益，即某一行为是否构成国际犯罪，应根据国际法而非国内法来判断；按照国际法应受处罚的行为，即使按照国内法不受处罚，仍属国际罪行。基于上述分析，出于预防抑制和有效惩治此类行为的目的，国际犯罪的定义需要获得国际社会尽可能广泛的认同，取"最小公约数"原则，其定义应同时体现国际性、危害性、刑事违法性、当罚性的特征。所以，国际犯罪是严重违反国际刑事法律规范（主要是国际公约）中的禁止性规定，危害国际社会利益，应当受到刑事制裁的行为。

第二节　归纳政府国际犯罪的特征

被学者直接称为政府国际犯罪的实例很少。通过文献的收集和整理，本书选择"德国纳粹政府屠杀犹太人""日本军国主义政府运营的慰安妇制度""南非政府推行种族隔离制度""伊拉克入侵科威特""柬埔寨红色高棉实施的'强迫婚姻'制度""美英当局的虐囚"等，在时间、国别和罪行方面有公认性、代表性和广泛

① ［美］谢里夫·巴西奥尼：《国际刑法导论》，赵秉志、王文华译，法律出版社年2006版，第105页。犯罪国际化的五要素指：（1）被禁止的行为影响了重大国际利益，尤其是在该行为构成了对国际和平与安全的威胁的情况下；（2）被禁止的行为达到了骇人的程度，被视为对世界共同体共有价值观的侵犯，包括历史上曾经提及的"震撼人类良知"的行为；（3）由于被禁止的行为在预谋、预备或者实施过程中涉及或者影响的范围及于两个国家以上，要么是犯罪人或者被害人的国籍具有多样性，要么是其使用的手段超越了国界，该行为因而具有了跨国意义；（4）该行为对国际保护人员或者国际利益具有危害性；（5）该行为虽然违反了国际保护利益，但是还没有达到第（1）个和第（2）个要素所要求的程度；即便如此，鉴于该行为的性质，通过国际犯罪化来预防抑制此类行为还是最佳的方法。

性的实例作为研究对象，基于感性经验的直接概括，归纳政府国际犯罪的特征。

一　可归因于政府的有组织有系统的行为

要将某一犯罪归因于政府，这一罪行必须由政府参与、煽动或纵容。政府犯罪均以明确或含蓄的政府政策为基础，由国家权力体系在较长时期，广大区域内实施的有组织、有系统的政府行为。系统性和制度化的要素在政府国际犯罪的实例中体现得尤为明显，特别是种族灭绝[①]和种族隔离。

（一）政府主导的大屠杀

政府政策是导致一国国内大屠杀的直接原因。例如导致犹太人被大屠杀的主要因素是德国纳粹政府为民众参与种族屠杀提供各种便利条件。自 1933 年至 1945 年德国国家社会党利用对政府权力的掌控，煽动一种对选定的受害者进行身份识别、没收财产、隔绝驱逐乃至最终毁灭的政策——地缘政治和种族思想。纳粹政府利用反犹传统，利用 19 世纪的科学发现，强调生物学和种族理论，通过新型大众传媒调动意识形态，加上社会规划的理念以及实现这些理念的官僚设施，使作为整体的国家接受或者默许暗示给他们的东西。“这些都是通过军事强权和政治表达（借政治性的超凡魅力和有效的政治符号及仪式的作用），或者更明确地说，是通过政治指令、法律措施、自发暴力、战争、人口流动、科学实验、强制绝育、集中居住、强迫劳动、饥饿、射杀和毒气等等来实施的。”[②]

再以卢旺达种族大屠杀为例：第一任总统卡伊班达在对内政策上，沿用殖民时期的种族统治政策，对图西人进行残酷打击，通过

---

① 大屠杀（holocaust）不是严格意义的国际犯罪的罪名，是指故意对没有防卫能力的受害人进行的有组织的一种大量杀戮行为，通常与战争犯罪或暴行相关，在种族灭绝罪、战争罪、危害人类罪中都可能包含大屠杀的行为。

② ［德］Peter Carrier：《回忆德国纳粹时期的大屠杀》，伍迅译，《史林》2011 年第 2 期。

公务员配额制度，把胡图人对图西人的绝对统治法律化，造成多次流血冲突，大量卢旺达难民（包括图西人、胡图人和特瓦人）流亡国外；第二任总统哈比亚利马纳虽然采取了和解政策，但对于流亡在外的卢旺达人回国的要求一直拖延不理，使其采取激烈的方式，通过武力强行回国，终于导致大规模武装冲突；而卢旺达政府又将该国内政治经济的矛盾冲突，纯粹理解为胡图人和图西人之间的种族冲突，进一步激发了卢旺达人心中的种族主义情绪，最终造成惨绝人寰的大屠杀。①

（二）南非种族隔离制度

自 1948 年马兰内阁上台执政起，通过宣扬白人南非论、抵御黑祸论、文化差异论、历史环境论等种族隔离制的理论体系；建立了以四大制度——保留地制度、通行证制度、特定住区制度和工业肤色壁垒制度为基础的种族隔离制度；并陆续颁布《人口登记法》《集团住区法》《公共场所隔离保留法》《原住民土地法》《混种婚姻禁止法》《背德法》，然后依照法律上的分类，各族群在地理上被强制分离，使种族隔离制度化、系统化、固定化，直至 1990 年被废除。诚如曾任联合国反对种族隔离特别委员会主席优素福·迈塔马·苏勒所述："种族隔离不过是南非政府作为官方政策实行的制度化和系统化的（白人）种族至上主义……是一种对（南非）各族人民实行种族歧视的综合性制度。"②

（三）柬埔寨红色高棉"强迫婚姻"制度

在 1975—1979 年间，红色高棉将"强迫婚姻"作为一项政府政策推行：严格实行同一阶级的男女之间缔结婚姻、命令不符合政

---

① 洪永红：《建立卢旺达国际刑事法庭的历史考察》，《法律文化研究》2009 年第 5 期。

② 参见余建华《南非种族隔离制度的兴废》，《史林》1997 年第 2 期；孙红旗《南非白人政权的"分别发展"图谋和"黑人家园"的设立》，《史学集刊》2008 年第 6 期；Cassandra Fox Charles，"Truth vs. Justice：Promoting the Rule of Law in Post - Apartheid South Africa"，*St. Mary's Law Review on Minority Issues*，Vol. 5，Fall 2002.

策条件的夫妇离婚，破坏原有的家庭结构；为保持人口增长，强迫成千上万的柬埔寨女性和男性必须结婚。同时作为奖励，干部和退伍军人允许选择任何女人，不论阶级、不论对方意愿，作为结婚对象。这种有浓厚阶级色彩的“强迫婚姻”完全违背当地的传统与伦理。负责执行该政策的官员采用各种强制手段，以确保其治下的婚姻符合政策规定。在政府以武断和野蛮的惩罚方式处理所有越轨行为的大背景之下，这种高压政策无疑特别有效。[①] 柬埔寨法院特别法庭（ECCC）将红色高棉统治时期的政治性强迫婚姻，作为危害人类罪的一种，列入“其他非人道行为”。

二　违反国际公约和国际习惯法

任何政府国际犯罪的实例，例如侵略、种族灭绝、种族隔离、使用儿童兵、支持恐怖主义等无不违反相关的国际公约和国际习惯法。

（一）日本军国主义政府的慰安妇制度

联合国人权委员会特别报告员的结论是：日本政府对慰安妇负有道义及法律上的责任。[②] 慰安所制度推行的贩卖、强奸和奴役未成年和成年妇女的行为，违反 1910 年《禁止贩卖白奴国际公约》和 1921 年《禁止贩卖妇女和儿童国际公约》，同时签字国还承担制止这种行为的义务。退一步而言，上述国际公约以及 1907 年《陆战法规和惯例公约》、1926 年《国际禁奴公约》（日本没有批准）、1930 年《强迫劳动公约》等相关禁止奴役的公约被广泛接受，具有国际习惯法效力。慰安所制度的核心要素——强行招募、

---

① Toy - Cronin, Bridgette A.,“What is Forced Marriage? Towards a Definition of Forced Marriage as a Crime against Humanity”, *Columbia Journal of Gender and Law*, Vol. 19, No. 2, June 2010.

② Report on the Mission to the Democratic People's Republic of Korea, the Republic of Korea and Japan on the Issue of Military Sexual Slavery in Wartime, U. N. Doc. E/CN. 4/1996/53/Add. 1 (1996), Para. 92, 2011 - 1 - 15 (http: //www. unhchr. ch/Huridocda/Huridoca. nsf/TestFrame/b6ad5f3990967f3e802566d600575fcb?).

暴力绑架、对付抵抗或企图逃跑者使用暴力、无偿的强迫的性服务，只能被视为性奴隶制度，属于严重侵犯人权的罪行，违反国际法甚至是强行法。①

（二）美国政府的虐囚事件

美国政府蓄意和持续的“刑讯逼供”违反了日内瓦公约有关对战俘的保护条约。② 虐囚事件严重违反1987年联合国《禁止酷刑公约》第2条，英美当局不得以国家安全、恐怖主义威胁为理由施行酷刑；根据该公约第2、3条，各国政府不只自身有不实施酷刑的义务，在被移交者面临严重的酷刑威胁时，各国也有义务，不将任何人移交给任何管辖当局。而美国政府在明知伊拉克军队对被拘禁者普遍使用酷刑情况下，却将数以千计的被拘禁者移交给伊拉克军队。美军和美国政府对此并未采取应有措施阻止。③

---

① Sue R. Lee, “Comforting the Comfort Women: Who Can Make Japan Pay?”, *University of Pennsylvania Journal of International Economic Law*, Vol. 24, No. 2, June 2003; Jamie S. Jeffords, “Will Japan Face Its Past? The Struggle for Justice for Former Comfort Women”, *Regent Journal of International Law*, Vol. 2, 2003 - 2004; 陈淑荣：《国际法透视下的日军“慰安妇”问题》，《石家庄学院学报》2005年第4期。而根据国际法，日本政府还要为企图掩盖其罪行的行为负责。首先，日本政府不仅没有试图起诉任何经营慰安所的管理者，实际上还鼓励和雇用他们，使之成为对国家工作人员。其次，日本政府极力销毁有关慰安所的文件，阻止任何国家政府和个人对犯罪行为进行调查和起诉。日本政府更不愿正式调查此事，完全否定其法律责任。

② Farhad Malekian, “Emasculating the Philosophy of International Criminal Justice in the Iraqi Special Tribunal”, *Cornell International Law Journal*, Vol. 38, No. 3, 2005. 1948年第三和第四日内瓦公约规定，不得有任何“对生命与人身施以暴力，特别如各种谋杀、残伤肢体、虐待及酷刑”或是“损害个人尊严，特别如侮辱与降低身份的待遇”的行为；第三公约第17条特别规定，“对战俘不得施以肉体或精神上之酷刑或任何其他胁迫方式借以自彼等获得任何情报。战俘之拒绝答复者不得加以威胁、侮辱，或使之受任何不快或不利之待遇”；1957年《联合国囚犯待遇标准最低规范》规定，“体罚、暗室禁闭和一切残忍、不人道、有辱人格的惩罚应一律完全禁止，不得作为对违犯行为的惩罚”；1966年《公民权利和政治权利国际公约》明确禁止酷刑以及“残忍的、不人道的或侮辱性的待遇或刑罚”。

③ 依照1987年《禁止酷刑公约》第2条规定，“任何特殊情况，不论为战争状态、战争威胁、国内政局动荡或任何其他社会紧急状态，均不得援引为施行酷刑的理由。上级官员或政府当局的命令不得援引为施行酷刑的理由”；第3条：“如有充分理由相信任何人在另一国家将有遭受酷刑的危险，任何缔约国不得将该人驱逐、遣返或引渡至该国。”

三　对受国际法保护的对象造成严重伤害

国际法以国际公约和国际习惯法的形式，表现出越来越注重个人和人类整体利益的保护，政府国际犯罪的另一特征是，以“非人道的犯罪行为”，对受国际法保护的特定对象，如平民、妇女、儿童等造成严重的伤害。

（一）屠杀与驱逐

二战中轴心国发动侵略他国的战争罪行，造成的巨大人员伤亡和财产损失，是标准的政府主导的国家犯罪。事实上轴心国人民亦是战争的直接受害者。被有组织地作为攻击对象，并遭到德国纳粹政府屠杀的无辜平民包括：30 万残障人、150 万吉普赛人、5000 至 15000 个同性恋者、600 万犹太人、350 万苏联战俘、1300 万苏联平民，还有 250 万非犹太波兰人成为驱逐出境、枪击、强迫劳动或者饥荒的受害者。①

1965 年印度尼西亚“九三〇”政变失败后，策划者翁东中校等人被抓获并判处死刑，印尼共产党领导人艾地被击毙。陆军在苏哈托的领导下，发动了对共产党的大清洗。由于印尼共产党中华人很多，许多华人被杀死。军方还对共产党的村落发动突袭，杀死大部分或全部的村民。在苏哈托掌权后，印尼共产党的幸存者被称为 Tapol（tahanan politik 或“政治拘留者”）。Tapol 常常未经审判便被监禁，强迫劳动、饥饿、拷打及其他虐待；财产或被没收，或被摧毁；配偶、子女与亲戚因“连带关系”获罪。死亡人数估计在十万至三百万人之间，学者的共识约在五十万人左右。②

在红色高棉执政的近四年时间里，由于强制迁移、政治清算、

---

① ［德］Peter Carrier：《回忆德国纳粹时期的大屠杀》，伍迅译，《史林》2011 年第 2 期。

② Robert Cribb，“Genocide in Indonesia，1965 - 1966”，*Journal of Genocide Research*，Vol. 3，No. 2，June 2010.

强制劳动和内部清洗，造成约有 200 万人（至今为止仍有不同的估计，100 万人是一个可以接受的数字）死亡，占当时全国人口的三分之一。①②

在 1994 年卢旺达大屠杀中，由胡图族控制的政府对图西族及胡图族温和派进行了有组织的大屠杀，共造成约 80 万至 100 万人死亡。

在过去十年中，非洲国家塞拉利昂、安哥拉和刚果民主共和国反政府武装为控制钻石开采区，将销售毛坯钻石的资金，用以资助叛乱和非国家行动者的军事活动，推翻合法政府，破坏国际促进和平与稳定的努力，对手无寸铁的平民犯下可怕的暴行，将超过 650 万人民驱逐出家园，使其流离失所，困顿交加。③

（二）性奴役

二战期间日本政府从本国国内、中国、马来西亚、菲律宾、新加坡、缅甸、印度尼西亚、韩国，强征约 20 万女童和妇女（历史学家认为曾沦为慰安妇的各国妇女达 40 万甚至更多）成立“慰安所”，④ 被迫充当整个日本军队的性奴隶。这些女性很多是年龄在 12—18 岁之间女童，她们惨遭非人待遇，每天平均要为超过 30 个士兵提供性服务。除了强奸，士兵经常无缘无故地殴打、刺伤或以其他残酷行为折磨慰安妇，任何企图逃避或抗拒士兵的举动都招致更严重的身体伤害。战争结束后，许多“慰安妇”被遗弃

---

① Tzvetan Todorov, “Memory as a Remedy for Evil”, *Journal of International Criminal Justice*, Vol. 7, No. 3, July 2009.

② Ntroduction to the ECCC, 2012 - 1 - 19 (http://www.eccc.gov.kh/en/about - eccc).

③ Kyle Rex Jacobson, “Doing Business With The Devil: The Challenges of Prosecuting Corporate Officials Who's Business Transactions Facilitate War Crimes and Crimes against Humanity”, *Air Force Law Review*, Vol. 56, January 2005.

④ *Number of Comfort Stations and Comfort Women*, 2012 - 1 - 12 (http://www.awf.or.jp/e1/facts—07.html).

在陌生的国家，或被撤退的日本军队杀害，或被迫自杀。[①] 今天，类似故事还在波斯尼亚、刚果和苏丹等冲突地区继续上演。

（三）儿童兵

全世界约有30万儿童兵，很多不满15岁的儿童在超过85个国家约36场冲突中被征召入伍，充当战斗人员、探雷者，甚至是人体盾牌或充当军事领导人的性奴隶。不少非洲国家是非法使用儿童兵的重灾区，利比亚、塞拉利昂和莫桑比克的内战因征召儿童兵而臭名昭著。1997年安盟（UNITA）在安哥拉边界，绑架约200名卢旺达难民儿童，作为儿童兵强招入伍。最近报告估计，在刚果民主共和国（金）的军队中大约有3000名儿童兵，苏丹人民军估计招募有2500—5000儿童兵。[②] 除上述国家外，在2004年4月至2007年10月间，有证据表明乍得、以色列、缅甸、索马里、乌干达和也门，甚至英国在伊拉克也使用儿童兵，印度和德国在过去几年中已被指控在政府武装力量中故意使用儿童兵。[③] 负责儿童和武装冲突问题的联合国特别代表奥图诺（Olara Otunnu）沉痛地表示，"今天非洲的冲突，特别是剥削、虐待和滥用儿童，是不折不扣的自我毁灭的过程，将直接严重危及非洲未来社会的希望"。

---

① Sue R. Lee, "Comforting the comfort Women: Who can Make Japan Pay?", *University of Pennsylvania Journal of International Economic Law*, Vol. 24, No. 2, June 2003; Cheah Wui Ling, "Walking the Long Road in Solidarity and Hope: A Case Study of the 'Comfort Women' Movement's Deployment of Human Rights Discourse", *Harvard Human Rights Journal*, Vol. 22, No. 1, Winter 2009; Brooke Say, "Ripe for Justice: A New UN Tool to Strengthen the Position of the 'Comfort Women' and to Corner Japan into its Reparation Responsibility", *Penn State International Law Review*, Vol. 23, No. 4, Spring 2005; Carmen M. Argibay, "Sexual Slavery and the 'Comfort Women' of World War II", *Berkeley Journal of International Law*, Vol. 21, No. 2, 2003.

② Janet McKnight, "Child soldiers in Africa: A global Approach to Human Rights Protection, Enforcement and Post - Conflict Reintegration", *African Journal of International and Comparative Law*, Vol. 18, No. 2, 2010.

③ Paola Konge, "International Crimes & Child Soldiers", *Southwestern Journal of International Law*, Vol. 16, 2010; Sandesh Sivakumaran, "War Crimes before the Special Court for Sierra Leone: Child Soldiers, Hostages, Peacekeepers and Collective Punishments", *Journal of International Criminal Justice*, Vol. 8, No. 4, September 2010.

四　受国际社会谴责并应当惩罚

由于政府国际犯罪违反国际法，对受国际法保护的对象造成严重伤害，其必然结果是受整个国际社会谴责，要求予以制裁。

（一）伊拉克入侵科威特

尽管对侵略或侵略罪行的定义缺乏国际公认，但侵略作为国际犯罪的地位几乎无可争议。作为国际犯罪，1990 年伊拉克入侵、占领和吞并科威特，引起海湾局势恶化，是可以被形容为“战争”侵略的实例。联合国安理会在 10 天内连续通过第 660、661 和 662 号决议，谴责伊拉克的入侵行动。[①]

以第 661 号决议为例，联合国安理会命令所有国家对伊拉克施加严格的经济封锁，该决议提到所有国家，包括联合国的非成员国，因此清楚地表明伊拉克违反了对世义务。《联合国宪章》第 41 条的授权从来没有得到如此立即和全面的响应，国际社会对第 661 号决议的遵守是空前一致的团结。联大成员集体反对伊拉克公然违反联合国宪章，侵略和继续占领科威特的事实，表明国际社会同气连枝传递着侵略罪行不会被国际社会容忍，并会导致严厉的制裁的信息。在伊拉克入侵科威特的情况下，国际社会对其采取制裁的严重程度，前所未有。[②③] 时至 2004 年，国际社会对萨达姆及其政府高官指控

---

① 第 660 号决议谴责“伊拉克入侵科威特，要求伊拉克立即无条件撤出其所有部队”至它们入侵前的位置，并呼吁伊拉克和科威特之间进行谈判。安理会第 662 号决议拒绝承认伊拉克吞并科威特。

② 第 674 号决议警告伊拉克，“根据国际法，因为入侵和非法占领科威特，所产生的科威特和第三国及其国民和公司任何损失、损害或伤害结果，伊拉克要承担责任”。第 678 号决议，安理会授权与科威特武装力量合作，由美国指挥，“使用一切必要手段，维护和执行安理会第 660 和随后的所有有关决议，恢复在该地区的国际和平与安全”。第 686 号决议要求，伊拉克承认责任做出赔偿是停止军事活动的先决条件。如果不符合某些停战的先决条件，同一决议还保留使用武力的选择。安理会第 687 号决议，建立赔偿委员会以评估损失，列出索赔。虽然原则上要求的赔偿不是惩罚性的，但涉及的国家数量和涉案金额暗示了惩罚性的元素。第 687 号还决议建立延伸到伊拉克和科威特境内的非军事区。伊拉克还需要接受有关武器销毁和禁止使用化学、生物、或原子武器的条件，广泛控制和核查程序明确地成为制裁的一部分。参见 Elihu Lauterpacht and C. J. Greenwood, etc., *The Kuwait Crisis*: *Basic Documents*, Cambridge: Grotius Publications, 1991, pp. 88 – 98。

③ Farhad Malekian, “Emasculating the Philosophy of International Criminal Justice in the Iraqi Special Tribunal”, *Cornell International Law Journal*, Vol. 38, No. 3, 2005.

的多项罪名都颇有争议，但对“公然鲸吞科威特”一项毫无悬念。

（二）洛克比空难[①]

1988年12月的洛克比空难致使270人罹难。事后，联合国安理会多次通过决议，对卡扎非统治下的利比亚实施长达11年的一系列制裁——空中封锁、武器禁运和外交制裁。虽然阿拉伯国家反对制裁，但多数都执行了安理会制裁的决议。

1992年1月，安理会一致通过第731号决议，对国家参与的国际恐怖主义行为和利比亚政府官员牵连其中的刑事调查结果深表关切，要求利比亚“立即”配合洛克比空难案的国际调查。同年3月，根据联合国宪章第七章通过第748号决议，援引宪章第39条，认为存在对国际和平与安全构成威胁的情势，命令利比亚必须与国际社会合作，否则将切断利比亚同外界的空中往来，并对利比亚实行航空和武器禁运和降低外交规格等制裁措施……[②]

1993年11月，安理会通过第883号决议，决定对利比亚采取新的制裁，包括冻结利比亚部分公共资产并禁止向利比亚出口某些石油设备。1998年8月第1192号决议再次要求利比亚政府立即遵行上述各项决议；决定所有国家应为此进行合作，尤其是利比亚政府应确保两名被告前往荷兰接受审判，重申其第748号和第883号决议所规定措施仍然有效，并对所有会员国具有约束力。[③]

---

① Robert Black, “The Lockerbie Disaster”, *Edinburgh Law Review*, Vol. 3, No. 1, 1999; Anthony Aust, “Lockerbie: The other Case”, *International & Comparative Law Quarterly*, Vol. 49, No. 2, 2000.

② 1992年3月，利比亚就洛克比空难引起的解释和适用《蒙特利尔公约》的争议，向国际法院对美英分别提起诉讼，请求国际法院指示临时措施，防止在案件的实质问题得到审查之前，英美进一步采取行动迫使利比亚交出嫌犯。法院1992年4月发布命令，提及安全理事会的第748号决议，认为无须指示临时措施。

③ 1996年，美国通过达马托法，对在利比亚石油、天然气领域年投资4000万美元以上或违反联合国对利比亚制裁规定的外国公司实行制裁。1994年8月利比亚政府在向联合国安理会提交的一份报告中说，国际制裁在1992年4月至1994年4月期间共造成1622名利比亚人死亡。1997年6月，利比亚政府告知联合国秘书长安南，国际制裁使利比亚损失235亿美元。

最终至2002年10月，利比亚政府为死难者提供27亿美元赔偿，约每人1000万，2003年8月15日，利比亚正式对袭击承认负有责任。2011年，辞职的前司法部长穆斯塔法·阿卜杜勒·贾利勒揭露洛克比空难系卡扎非一手策划。

五　政府国际犯罪的初步定义

上文以枚举归纳的方式，列出政府国际犯罪的特征：（1）行为严重违反国际公约和国际习惯法；（2）对受国际法保护的对象造成严重的伤害；（3）应当受到国际社会的谴责并惩罚；（4）政府参与、煽动或纵容的有组织、有系统的行为。

在上述特征中，国际违法性、行为危害性和当罚性的特征为所有国际犯罪共有，而“可归因于政府的有组织有系统的行为”是区分政府犯罪与其他国际犯罪的种差。根据内涵定义法，被定义概念=种差+邻近属概念，“政府国际犯罪”概念的初步定义是：政府参与、煽动或纵容的有组织、有系统的行为所构成的国际犯罪。

第三节　与“国家犯罪”定义类比

上述“政府国际犯罪”概念的初步定义显然不能有效地实现在特定案件中判定是否存在政府犯罪的情势，并作为辨别与其他相关概念区分的标准，还需要考虑其他因素，明确政府国际犯罪定义的种差，并缩小邻近属概念的范围。

尽管政府国际犯罪等同于国家犯罪，[①] 或被视为国家犯罪的一部分的观点有待商榷，但这一观点的存在至少说明政府国际犯罪与国家犯罪之间有一定的相似性，因此在讨论政府国际犯罪的特征时，与国家犯罪的特征进行类比，可进一步明确政府国际犯罪定义

---

① 在本书中“国家犯罪”一词无如特指，与“国家国际犯罪”同义，二者均为专有术语。为行文之便，下文如无显示强调的必要，不再以表示其专有术语属性。

的内涵和外延。

一 国家犯罪的定义

1996年一读通过的国际法委员会《国家责任草案》第19条采取概括与列举相结合的方式定义国家国际犯罪，虽然已被删除，但仍然具有广泛的影响力。其中第2款规定，“一国严重违背其国际义务，对保护国际社会根本利益有重大影响，被国际社会公认为犯罪，则该国际不法行为构成国际犯罪”①。

威廉·钱布利斯（William Chambliss）提出，国家犯罪是指国家官员在代表国家履行其职务时，犯下由国际协定、国际法院确立的原则和国际机构规约界定为犯罪的行为。②

普莱特（Alain Pellet）认为，国家犯罪与普通的国际不法行为相比有独特性：当一个国家违反的国际义务，对国际社会作为一个整体的利益至关重要，永远不会是偶然或无意的行为；因此意图和过错元素，是国家犯罪而非国际不法行为的必要组成部分。③

约根森列出判断国家犯罪的四项标准：（1）国家违反对世义务；（2）犯下被整个国际社会接受和确认的国际犯罪；（3）对受国际法保护的基本利益造成严重伤害；（4）震撼人类良知，违背人类基本价值。④

巴西奥尼教授定义国家犯罪是违反国际刑事法规范中的禁止性规定，可能影响人类和平与安全，悖反人类基本价值观的国家行为

---

① 参见《国际法委员会1996年第51次会议报告》第19条，2011年4月22日（http://untreaty.un.org/ilc/documentation/english/A_51_10.pdf）。

② Ronald C. Kramer and Raymond J. Michalowski, “War, Aggression and State Crime: A Criminological Analysis of the Invasion and Occupation of Iraq”, *British Journal of Criminology*, Vol. 45, April 2005.

③ Alain Pellet, “Can a State Commit a Crime? Definitely, Yes!”, *European Journal of International Law*, Vol. 10, No. 2, 1999.

④ Nina H. B. Jorgensen, *The Responsibility of States for International Crime*, Oxford: Oxford University Press, 2000, p. 161.

或国家政策支持的行为。①

尽管“国家犯罪”一词没有形成统一的概念，国际社会普遍认为，由于国家作为国际犯罪主体与个人相比具有其特殊性，较之普通的国际犯罪，“国家犯罪”有更高的判断标准，应该由作为整体的国际社会来判断，国家违反的义务是否对保护国际社会的根本利益具有至关重要的性质，以及对有关义务的违反是否构成国际犯罪。②

综上所述，国家犯罪是国家蓄意或国家政策支持的行为，违反国际强行法，严重损害国际社会的根本利益，被国际社会公认为构成最严重的国际犯罪。

二　政府国际犯罪的定义及相关概念简析

结合上文政府国际犯罪的初步定义，并与国家犯罪定义进行类比，政府国际犯罪是指，政府蓄意或政府政策支持（参与、煽动或纵容）的有组织有系统的行为，违反国际强行法，严重损害国际社会的根本利益，被国际社会公认构成最严重的国际犯罪。

政府国际犯罪的定义范围限定在国际刑事法领域，明确政府国际犯罪概念的内涵，需要解释该定义中出现的“强行法”“对世义务”“国际社会根本利益”“国际社会公认”和“最严重的国际犯罪”等概念在同一领域术语系统中的含义，并具体说明“可归于政府的犯罪行为”。

（一）可归于政府的犯罪行为

政府蓄意或政府政策支持（参与、煽动或纵容）的有组织有系统的行为，即可“归于政府的犯罪行为”的含义，是界定政府

---

① ［美］谢里夫·巴西奥尼：《国际刑法导论》，赵秉志、王文华译，法律出版社2006年版，第106页。

② André de Hoogh, *Obligations Erga Omnes and Internatioal Crimes: A Theoretical Inquiry into the Implementation and Enforcement of the International Responsibility of States*, Hague: Kluwer International Law, 1996, p. 58.

国际犯罪概念的重要环节，是将其与其他国际社会公认违反强行法的最严重国际犯罪区分的种差。借鉴《国家责任条文草案》对“国家行为”的归纳，本书中“归于政府的犯罪行为”是指（有关政府犯罪行为的进一步讨论，可见本书第三章第二节“政府的作为和不作为”）：

（1）政府的国际犯罪行为，不论行使立法、行政、司法，还是任何行使公权力的国家或地区机关（包括依该国国内法具有此种地位的任何个人或实体），不论其在国家或地区组织中具有何种地位，也不论作为该国或地区中央政府机关或一领土单位机关而具有何种特性，其行为应视为政府行为，其犯罪行为亦归于政府。

（2）行使政府权力要素的个人或实体的犯罪行为，即虽非上述所指的国家或地区机关但经该国法律授权而行使政府权力要素的个人或实体，以该个人或实体在特定情况下以此种资格行事者为限，其行为应视为政府行为，其犯罪行为亦归于政府。

（3）由另一国或地区交由一国或地区政府支配的机关的犯罪行为，由另一国或地区交由一国或地区政府支配的机关，若为行使支配该机关的政府权力要素而行事，其行为应视为支配该机关的政府的行为，其犯罪行为亦归于支配该机关的政府的行为。

（4）受到政府指挥或控制的犯罪行为，如果一人或一群人实际上是在按照政府的指示或在其指挥或控制下行事，其行为应视为政府行为，其犯罪行为亦归于政府。

（5）叛乱运动或其他运动的犯罪行为，成为一国或地区新政府的叛乱运动的行为应视为该政府的行为，其犯罪行为亦归于该政府；在一个先已存在的国家或地区的一部分领土或其管理下的某一领土内组成一个新的国家的叛乱运动或其他运动的行为，依国际法应视为该新政府的行为；其犯罪行为亦归于新政府。

（二）强行法与对世义务

强行法与对世义务往往是同一事物的两个方面。适用于强行法犯罪的对世义务的概念，源于国际法院《防止及惩治灭绝种族罪公约》保留的咨询意见。当代国际犯罪的研究将两者结合起来，特定犯罪具备了整体上危害国际社会利益，威胁人类和平与安全；并且震撼人类良知，违反对世义务，就构成强行法犯罪。[①] 但违反对世义务是违反强行法的国际犯罪的后果，而非该国际犯罪列入强行法犯罪的原因或条件。

1. 强行法

“强行法”规范在国际法学说、国际法规范性文件以及国际司法实践中均有稳固的地位，但又是令人难以把握和准确定位的概念。19 世纪初，奥本海教授指出，“一致公认的国际法习惯规则”，使得任何与之冲突的条约无效。相关著名案例包括常设国际法院 1934 年奥斯卡·钦恩案（Oscar Chinn Case），国际法院 1986 年“尼加拉瓜案”（Nicaragua Case）等。公认的强行法定义来自《条约法公约》第 53 条和 64 条，为强行法规范的辨识提出四个标准：（1）具有普遍国际法准则的地位；（2）被国际社会整体接受；（3）不得损抑；（4）只能由具有同等的地位的新规范更改。[②]

国际强行法学说受自然法观念的强大影响，确保各国在建立条约关系时并非完全自由，各国有义务尊重某些在国际社会中根深蒂固的基本原则。强制法的规则，对应着国际公共政策的基本准则，除非建立一个同一标准的后续规范，否则强制法规则不能以意思自由改变。这意味着强行法规则较其他国际法规则具有最高地位。[③]

---

① ［美］谢里夫·巴西奥尼：《国际刑法导论》，赵秉志、王文华译，法律出版社 2006 年版，第 151 页。

② 1969 年《维也纳条约法公约》第 53 条：“条约在缔结时与一般国际法强制规律抵触者无效。就适用本公约而言，一般国际法强制规律指国家之国际社会全体接受并公认为不许损抑且仅有以后具有同等性质之一般国际法规律始得更改之规律。”第 64 条：“遇有新一般国际法强制规律产生时，任何现有条约之与该项规律抵触者即成为无效而终止。”以及 1986 年《关于国家和国际组织间或国际组织间的条约法的维也纳公约》第 53 条。

③ Kamrul Hossain, “The Concept of Jus Cogens and the Obligation under the U. N. Charter”, *Santa Clara Journal of International Law*, Vol. 3, No. 1, 2005.

2. 强行法犯罪

某些罪行，如果威胁人类的和平与安全，冲击人类良知，影响国际社会作为一个整体的利益，那么其必为强行法犯罪之一。[①] 决定是否某种国际犯罪已达到强行法犯罪地位，还要必须考虑四个额外的因素。第一，该罪行的历史演变。存在谴责和禁止特定犯罪的法律文书越多，就越有证据证明达到强行法犯罪的水平。第二，已纳入国家本国法律给予规制的数量。第三，国际和国家检控给定的犯罪的数量，以及如何定性。第四，法律的一般原则和最杰出学者的著作，亦是确定是否某一特定犯罪是强行法的一部分的可依靠证据。[②]

所幸的是，国际法律文献为界定“强行法犯罪”概念的外延，提供充分的法律依据，明确以下国际罪行为强行法犯罪：侵略罪，灭绝种族罪，危害人类罪，战争罪，奴隶制和奴隶有关的习俗、酷刑罪等。得出该结论法律文献包括：（1）国际声明或可被称为国际法律确信，反映这些罪行被视为普遍习惯法的一部分；（2）适用于这些罪行的公约在序言或其他条文中的用语，表明这些罪行在国际法上的地位更高；（3）大量的国家批准有关这些罪行的公约；（4）特设国际法庭调查和起诉这些罪行的肇事者。[③] 由于“政府”与“国家”的特殊关系，将政府国际犯罪限定在“强行法犯罪”的体系内，即“强行法犯罪”是政府国际犯罪上位概念，有助于明确后者的外延，又有助于减少政府国际犯罪可能涉及国家主权问

---

① M. Cherif Bassiouni, “International Crimes: Jus Cogens and Obligatio Erga Omnes”, *Law and Contemporary Problems*, Vol. 59, No. 4, 1996. 学者对于“强行法犯罪”概念的内涵存在分歧，基本原因是在学者哲学观和方法论上的显著差异。这些差异关系强行法犯罪的渊源、内容（创立规范的元素）、证据元素（如普遍性的证明）和价值导向的目标（例如世界秩序的维护和保障基本人权）。

② ［美］谢里夫·巴西奥尼：《国际刑法导论》，赵秉志、王文华译，法律出版社2006年版，第150—153页。

③ M. Cherif Bassiouni, “International Crimes: Jus Cogens and Obligatio Erga Omnes”, *Law and Contemporary Problems*, Vol. 59, No. 4, 1996.

题的障碍。

3. 对世义务

国际法院在1970年巴塞罗那牵引力公司案判决中，确定在国际法中存在国家对“国际社会作为整体”的义务，即对世义务。[①]国际法院对对世义务的判断标准是“国家对国际社会作为整体义务”，“所有国家对于这些权利的保护都具有法律的权益”，与只在外交保护领域对另一国承担的义务之间存在着本质的区别。

虽然国际法院没有明确说明短语“对国际社会作为整体的义务”的含义，但提出一些范例，在当代国际法中，这样的义务来源于禁止侵略行为和灭绝种族行为，有关与人的基本权利的原则和规则（包括免受奴役和种族歧视）；一些相应权利的保护已纳入普遍国际法体系；其他权利得到普遍或准普遍性国际法律文件的认可，如《预防和惩治种族灭绝公约的保留意见》。国际法院提出判断对世义务的两个标准：一些权利的保护已纳入普遍的国际法体系，并得到普遍或准普遍性国际法律文件的认可。[②]

国际法委员会1996年《国家责任草案》第19条第3款也提出一些范例，解释何谓“保护国际社会根本利益有重大影响的国际义务”——“维护和平和安全的国际义务”“维护民族自决的权利”“广泛保护人权”和“保护人类生存环境”，也被视为受到广泛接受的“对世义务”的范围。

学者卡塞斯（Cassese）提出三个判断对世义务标准：（1）一

① 原文为：These obligations，however，are neither absolute nor unqualified. In particular，an essential distinction should be drawn between the obligations of a State towards the international community as a whole，and those arising vis - à - vis another State in the field of diplomatic protection. By their very nature the former are the concern of all States. In view of the importance of the rights involved，all States can be held to have a legal interest in their protection；they are obligations erga omnes。

② Judgment of Case Concerning The Barcelona Traction，Light And Power Company，Limited，On 5 February 1970，2012 - 1 - 12（http：//www. icj - cij. org/docket/files/50/5387. pdf. para. 34）.

国对国际社会所有其他成员的义务；（2）必须履行，无论在同一领域其他国家的行为；（3）任何其他国际社会成员均可提出要求该国履行此义务的主张。[①] 拉加齐（Ragazzi）在巴塞罗那牵引力案判决的基础上，提出了确定狭义对世义务的概念——禁止侵略行为、灭绝种族行为、奴役和奴役相关的行为、种族歧视行为；这四项义务是严格意义上的消极义务（绝对禁止）；这四项义务都源自属于强行法的普遍国际法规则，编纂而形成的大量国家成为缔约国的国际条约；目前这四项义务的主要作用是实现政治目标，即维护和平与促进基本人权，反过来又反映国际法的基本道德价值，即首要是保护人类的生命和尊严。[②]

（三）国际社会公认

1. 国际社会

“国际社会”的含义比较抽象且模糊，没有法律实体以此命名。“国际社会”常常出现于联大与安理会决议以及国际法院的判决等重要的法律文件中，意思大致是“相关国家”。由世界上几乎所有国家组成的联合国，某种程度上反映和实践着会员国观点。在这一意义上，联合国代表着国际社会，但仍然视情况而定。虽然联合国拥有广泛的权力和职能，但国家和世界各国人民还未能一致认同通过联合国来表达他们所有的关切。[③]

政府间国际组织（尤其是联合国）是由国家组成的法律实体，对“国际社会”发出的呼吁，通常是引起那些愿意并能够承担相应义务的国家做出反应。随着国际社会的发展，“国际社会”不再是国家和国际组织的专属名词，NGO 也可以在保护打击国际犯罪

---

① Antonio Cassese, *Self - Determination of Peoples A Legal Reappraisal*, Cambridge: Cambridge University Press, 1995, p. 134.

② Maurizio Ragazzi, *The Concept of International Obligations Erga Omnes*, Oxford: Clarendon Press, 2002, pp. 132 - 134.

③ James R. Crawford, “Responsibility to the International Community as a Whole”, *Indiana Journal of Global Legal Studies*, Vol. 8, No. 2, Spring 2001.

方面发挥显著作用。[①] 太过确定国际社会的定义也许并不可取，严格的定义往往限制概念的发展或扩张，一个好的国际社会的概念应当留有发展的空间。[②]

2. 判断“国际社会公认”的标准

作为“客观”存在政府国际犯罪，必须“主观”地被作为整体的国际社会公认为“犯罪”。1953 年《维也纳条约法公约》和 1986 年《关于国家和国际组织间或国际组织相互间条约法维也纳公约》第 53 条有关强行法的规定中，提及“国家之国际社会全体接受并公认”，1996 年《国家责任条文草案》第 19 条“国家国际犯罪”和 2001 年《国家责任条文草案》第 48 条“受害国以外的国家援引责任”亦提及“被国际社会公认”的观念。学者在论及“强行法”“对世义务”“最严重的国际犯罪”等概念时，也以“国际社会公认”作为判断的标准之一。

国际社会整体接受的意思，并不意味着国际社会的所有成员（不仅是国家，还包括其他国际法主体）的一致认可，必须不仅要受到特定的国家集团（即使构成多数）的认可，还要受到国际社会所有重要组成部分的认可（essential components of the international community），[③] 即西方国家，发展中国家和所有其他相关的社会和政治团体都显示相同的法律确信。某种政府行为属于国际犯罪，仅同类国家的确信，即使占大多数，还不能代表国际社会；而如果特定类型的国家反对将某一政府行为视为国际犯罪，那这一政府行为就不是，这就是所谓的一致同意。反之，如果绝大部分国家接

---

① Annemarieke Vermeer - Künzli, “A Matter of Interest: Diplomatic Protection and State Responsibility Erga Omnes”, *International & Comparative Law Quarterly*, Vol. 56, No. 3, July 2007.

② Nicholas Tsagourias, “The Will of the International Community as a Normative Source of International Law”, Ige F. DekkerWouter G. Werner (eds.), *Governance and International Legal Theory*, Leide: Martinus Nijhoff, 2004, pp. 97 - 121.

③ ILC Yearbook 1976, p. 119, 2012 - 2 - 3 (http://untreaty. un. org/ilc/publications/yearbooks/Ybkvolumes (e) /ILC_ 1976_ v2_ p2_ e. pdf).

受，而一个或极少数国家拒绝接受将其视为国际犯罪，国际社会作为一个整体接受和认可的情势不受影响。

结合“强行法和对世义务”部分的讨论，当代国际法对侵略行为，强制维持殖民统治，在国家内部建立基于歧视和专制的种族隔离的政权，或以其他方式危及人类生命和尊严，严重危及人类生存环境的维护，予以彻底谴责。国际社会作为一个整体，认为，这些行为违反体现在联合国宪章中的基本原则，以及那些在宪章范围之外，植根于人类良知，构成真正的“国际罪行”，比其他国际不法行为更严重，应承担更严重的法律后果。

（四）国际社会根本利益

打击政府犯罪的价值定位在于保护国际利益，考量最严重的国际犯罪在于是否危害国际社会的根本利益。与国际刑事法有关的“国际社会根本利益”，应在具有“宪法性”里程碑意义的国际公约、国际宣言和具有划时代意义的国际刑事法公约中寻找。

1945 年《联合国宪章》第 1 条联合国的宗旨是：“维持国际和平及安全……制止侵略行为或其他和平之破坏……”，“发展国际间以尊重人民平等权利及自决原则为根据之友好关系……”，“促成国际合作，……增进并激励对于全体人类之人权及基本自由之尊重”。

1948 年《世界人权宣言》宣布：“……人人享有言论和信仰自由……已被宣布为普通人民的最高愿望，……有必要使人权受法治的保护，……并决心促成……社会进步和生活水平的改善……促进对权利和自由的尊重……”

1970 年《各国友好关系及合作之国际法原则宣言》规定：“各国不问在政治、经济及社会制度上有何差异均有义务在国际关系之各方面彼此合作，以期维持国际和平与安全，并增进国际经济安定与进步、各国之一般福利及不受此种差异所生歧视之国际合作。”

1992 年《里约环境与发展宣言》呼吁：“……通过在国家、社会重要部门和人民之间创设新水平的合作，建立一种新型平等的全球伙伴关系，……尊重全人类利益和维护全球环境与发展体系完整……”

2002年生效的《罗马规约》，继承了1947年联合国大会国际法七原则，[①] 并在序言中宣布，因“各国人民唇齿相依，休戚与共，……注意到难以想象的暴行……使全人类的良知深受震动，……严重犯罪危及世界的和平、安全与福祉……”，在遵守《联合国宪章》的基础上，“必须……加强国际合作，使上述犯罪的罪犯不再逍遥法外，从而有助于预防这种犯罪……”

因此“国际社会根本利益”是指在国际合作的基础上，维护和平，禁止武力的非法使用；追求正义，打击和预防最严重的国际犯罪；保护人权，促进社会进步、坚持利益共享和可持续发展。

（五）最严重的国际犯罪

在众多相关国际刑事法公约和学者的著作中，“严重”常被用作“犯罪”“后果”“违反”等词的定语，但“严重”是主观概念，不易量化。国际法委会在1954年《危害人类和平与安全治罪法草案》报告中指出，达到“严重”的程度可以从两方面推断，一是行为的性质，即行为的残酷性、恐怖性和野蛮性；二是影响程度，即其普遍性和广泛性。学者提出依据行为的性质、行为人的意图、行为的后果，或者三个结合进行判断。[②]

---

① 原则一：“从事构成违反国际法的犯罪行为的人承担个人责任，并因而应受惩罚。”原则二：“国内法不处罚违犯国际法的罪行的事实，不能作为实施该行为的人免除国际法责任的理由。”原则三：“以国家元首或负有责任的政府官员身份行事，实施了违反国际法的犯罪行为的人，其官方地位不能作为免除国际法责任的理由。”原则四：“依据政府或其上级命令行事的人，假如他能够进行道德选择的话，不能免除其国际法上的责任。”原则五：“被控有违反国际法罪行的人有权在事实和法律上得到公平的审判。”原则六：“违反国际法应受处罚的罪行是：（一）反和平罪；（二）战争犯罪；（三）反人道罪。”原则七：“共谋犯下原则六所述的反和平罪、战争罪或反人道罪是国际法上的罪行。”

② Nina H. B. Jorgensen, *The Responsibility of States for International Crime*, Oxford: Oxford University Press, 2000, p. 106.

1. 严重的行为性质

国际性刑事法庭的管辖范围体现较为广泛接受的“最严重的国际罪行”的范围。[①] 1998年国际刑事法院罗马规约将管辖权限于灭绝种族罪、危害人类罪、战争罪和侵略罪，因为这四种罪行“危及世界的和平、安全与福祉”，是“整个国际社会关注的最严重犯罪，绝不能听之任之不予处罚”。这些罪行，有些因其跨边界效应（侵略战争）而具有国际性质，但“国际化”已经越来越被或多或少含蓄地理解为“有国际影响”或“具有国际意义”。

今天最严重的国际罪行，其国际化性质是基于在何种程度上“震撼了人类的良知”，而不是这些犯罪是否涉及跨界问题。由于对国际秩序的整体影响，在可能存在“最严重的国际罪行”的情况下，安理会至少可以谴责和制裁这类罪行，有力地争取以“国际化”的方式对具体案例进行处罚。因此卢旺达大屠杀和南非的种族隔离，无论该犯罪是否影响“国际的”和平与安全，其性质已足以令人愤慨。[②]

2. 严重的行为后果

然而并非所有违反相同义务的行为具有同等的严重性。因为历来“孤立的罪行并不属于反人类罪的范畴，有系统的大规模行动，尤其是当它的来自官方命令……才成为国际法关注的对象”[③]。尽管国际法委员会认为企图和阴谋犯下某些国际罪行，即使没有造成

① 纽伦堡法庭具有危害和平罪、战争罪和反人类罪管辖权；前南斯拉夫问题国际法庭和卢旺达问题国际法庭对战争罪、反人类罪和种族灭绝罪有司法管辖权；塞拉利昂特别法庭对反人类罪、战争罪，严重虐待女童和故意毁坏塞拉利昂国家法律界定的财物，有管辖权；柬埔寨法院特别法庭，除了对1956年的“刑法典”规定的罪行（杀人，酷刑，宗教迫害）有管辖权，管辖权还及于种族灭绝罪，反人类罪，严重违反1949年“日内瓦公约”的罪行，在武装冲突期间破坏文化财产罪和侵害受国际保护人员罪。

② 在下文中涉及的“最严重的国际罪行”或“最严重的国际犯罪”均指灭绝种族罪、危害人类罪、战争罪和侵略罪，其范围和含义与《国际刑事法院罗马规约》一致。

③ UNWCC, *History of the United Nations War Crimes Commission and the Development of the Laws of War*, New York: Williams Hein & Co., 1948, p. 179.

严重的后果，也可以构成犯罪；但在衡量行为严重性时，仍然需要考虑行为造成生命和财产损失的数量。严重的行为后果应当包含对潜在严重后果的考量。例如著名的萨拉热窝政治暗杀，导致对国际和平与安全灾难性的破坏。在洛克比空难案中，安理会开创了一个先例，犯罪事实不涉及国际和平与安全的核心犯罪，不影响国家或地区的政治经济，但由于其可能带来的一系列严重后果，使国际社会众志成城，实施对利比亚长达 11 年的制裁。[①] “仅以受害者人数本身不是一个真正衡量行为有罪的准则。残酷的死亡，对无辜者的同情，对人类所受屈辱的恐怖与憎恶，都不是数学计算的对象。可从某种角度来说，数字还是很能说明问题的。”[②]

本章小结

政府国际犯罪的客观存在以政府国际犯罪概念的形式在思维中体现，表现为政府国际犯罪的术语形式。政府国际犯罪的定义应尽可能揭示该概念的内涵，表现出该术语的特征，再划定政府国际犯罪的外延，列举具有该概念所反映的特征的对象。

由于政府国际犯罪术语指称的概念，与国际刑事法领域的其他概念相互联系，通过明确其他概念的含义，“强行法和强行法犯

---

① 尽管黎巴嫩法院没有对任何“最严重罪行”的管辖权，酝酿一系列恐怖袭击事件与杀害哈里里是否构成危害人类罪的观念尚无定论，但有时单一的谋杀与种族灭绝一样会对国际和平与安全产生巨大的影响，还可能引发一系列毁灭性后果。参见 Frédéric Mégret, “A Special Tribunal for Lebanon: The UN Security Council and the Emancipation of International Criminal Justice”, *Leiden Journal of International Law*, Vol. 21, No. 2, September 2008。

② 例如，《罗马规约》规定“灭绝种族罪”的特征是“全部或局部”消灭某一民族、族裔、种族或宗教团体，“危害人类罪”是“广泛或有系统”地针对任何平民人口进行的攻击。同样《国家责任草案》第 19 条第 3 款（c）项和（d）项有关种族灭绝、奴隶制、种族隔离和污染的“国家犯罪”行为要求达到大规模和普遍性的（widespread scale, massive pollution）要求。See Nina H. B. Jorgensen, *The Responsibility of States for International Crime*, Oxford: Oxford University Press, 2000, p. 108.

罪”“最严重的国际犯罪”“国际社会公认”等，定义政府国际犯罪。

政府国际犯罪邻近属概念是“国际社会公认的违反强行法的最严重的国际犯罪”，包括侵略罪、灭绝种族罪、危害人类罪、战争罪。种差是“政府蓄意或受政府政策支持的有组织有系统的行为”，特征是威胁国际社会根本利益，违反对世义务，受整个国际社会谴责，认为应当受到惩罚的犯罪。

综上所述，本书中政府国际犯罪是指，政府蓄意或政府政策支持（参与、煽动或纵容）的有组织有系统的行为，违反国际强行法，严重损害国际社会根本利益，被国际社会公认为构成最严重的国际犯罪。

对政府国际犯罪概念的研究尚属起步阶段，作为犯罪概念研究的一部分，还要回答政府国际犯罪的犯罪构成为何？行为模式是否包括作为和不作为？为该国谋取利益，是否可以成为政府（个人和团体）不承担刑事责任的理由等问题。以下章节将对这些问题逐一展开讨论。

第三章　政府国际犯罪的犯罪构成

犯罪构成是指刑法规定的犯罪成立必须具备的基本条件。政府国际犯罪的犯罪构成理论的研究，是参照犯罪构成的一般理论，[①]对政府国际犯罪成立的基本条件进行分析和归纳。政府国际犯罪的犯罪构成研究，结合方法论的个体主义（methodogical individualism）和整体主义（methodogical holism），[②] 综合分析政府国际犯罪中，作为整体的政府团体和组成政府的成员个人的作用。

方法论个人主义[③]认为，对个体与群体关系的解释，只能依据该群体中个体的行为及其结果来进行，所以大规模的社会事件应被仅仅看作是事件参与者个人的行动、态度、关系的集合或结构。按

---

① 犯罪构成理论是刑法学理论按照一定的体系，对犯罪成立必须具备的基本条件，进行系统归纳和分类的结果；科学的犯罪构成理论具有指导司法实践，系统理解刑法规范和正确认定犯罪的作用；犯罪构成不仅是“犯罪”这一现象的基本社会属性在法律中的表现形态，也是分析每一种具体犯罪的犯罪构成的基础。参见陈忠林《现行犯罪构成理论共性比较》，《现代法学》2010 年第 1 期。

② 个体主义（methodogical individualism）和整体主义（methodogical holism）是对社会科学的发展有重要影响的社会科学研究中两种不同的方法论。整体主义和个体主义根本分歧在于如何对人类社会的个体与群体、个人与社会的关系做出解释。

③ 个人主义方法论相信社会整体或社会结构仅仅是来自于它的个体成分或部分的逻辑构造，因此关于社会整体的陈述能够依据对个体特性的陈述来解释。只有完全依据个人事实的解释才是正确的解释。那诉诸社会结构、制度因素及诸如此类的任何解释都不具有合法性。个人主义方法论反对将一个被控制的、实验性的群体作为研究模型，因为个人主义否认一个集体可以被当成是一个独立的决策者，主张群体只不过是许多个体的组合，因此应该以个体行为作为基础研究社会科学。这种方法论也常被用以攻击其他集体主义的研究方法，例如历史主义（historicism）、结构功能主义（Structural functionalism），也反对以社会阶级、性别角色，甚至是族群作为研究实体。

照方法论个人主义的观点，像政府这种虚构实体，政府行为是构成它的单个个体的行为总和，是受个人意识支配的产物，所以作为整体的政府国际犯罪根本不存在，应归责于组成政府的个人；讨论虚构实体犯罪如政府国际犯罪，是很荒谬的事。

而方法论整体主义①则强调群体或社会力量对个人的影响，应按照群体本身的独立性去对其进行整体性研究。由于“政府是那个包含了政府在内的大型政治共同体的小型存在。政府是一个被授予了一定能力的虚拟的人”②，“……即拥有一个区别于国家共同体的真实生命，为了使政府的所有成员都能协同一致地行动，并服务于政府建立时所追求的那个目标，政府就必须成为一个特别的‘自我’，拥有一种其成员所共有的意识，拥有自我保存的意志和力量”③，那么政府成员个人意志的简单相加不等于政府集体意志，一旦形成政府集体意志，政府成员个人就不得不屈服于这种力量。

实际上方法论的整体主义和个体主义的争论，是同一活动的两个方面，因为群体从来就不是一种能和组成它的个体分开的实体。④ 就政府（作为整体现象）和政府成员个体的关系而言，正确的解决方式不是强调两者间的对抗，而是强调二者的互补。因此对政府国际犯罪的犯罪构成的分析，就既要摒弃将政府（法律实体）

---

① 整体主义方法论是指以整体作为研究的基点，通过群体行动的分析来说明该学科的基本立场和基本内容的方法体系。整体主义方法论将社会等整体作为分析解决问题的基本单位，试图达到通过整体研究来描述事物全貌的目的。根据此一理论，分析整体时若将其视作部分的总和，或将整体化为分离的元素，将难免疏漏。这种理论相信，社会整体有它自己成熟的复杂的法则，这是不能还原为有关它的组成个体的法则的。相反，社会整体是一种真实的整体，是使个体的描述具有意义的基础。

② ［法］卢梭：《社会契约论》，徐强译，九州出版社 2007 年版，第 147 页。

③ 同上书，第 149 页。

④ 本书有关方法论个体主义和整体主义的论述，参见刘晓虹《整体主义与个人主义之争：西方哲学的一条重要线索》，《学术界》1999 年第 6 期；王宁《个体主义与整体主义对立的新思考——社会研究方法论的基本问题之一》，《中山大学学报》（社会科学版）2002 年第 2 期；宋智勇《西方制度分析中的整体主义与个体主义》，《当代经济研究》2011 年第 8 期；等等。

看作政府成员（自然人）的附属物而没有考虑政府本身，又要摒弃将政府视为单一整体，而忽视政府成员的自我能动作用的定式思维，按照政府的本来面目，即复杂的组织体进行分析（政府是一系列职位为基础组织起来的社会组织，政府成员依附于具体的职位并被赋予职权承担职责，即一种以分部—分层、集权—统一、指挥—服从等为特征的组织形态；政府内部一般包括三类机构：决策、执行和监督机构，机构行使各自职权、履行各自职责，共同维系政府整体运行）。

第一节　国际犯罪的犯罪构成

国际犯罪的犯罪构成（或简称为国际犯罪构成）是指国际刑事法规定的国际犯罪成立必须具备的主客观条件。犯罪构成是法定性与理论性的统一，[①] 与国内犯罪类似，国际犯罪构成的法定性，表明国际犯罪的犯罪构成是不能离开国际刑事法的法定规范而存在的，对于国际犯罪犯罪构成的分析，应当以国际刑事法现行的规范作为其法律根据，贯彻罪刑法定原则；国际犯罪构成的理论性，表明国际犯罪构成的存在和发展都离不开理论概括，这种理论性，揭示国际犯罪构成的共同特征，从而为国际刑事立法提供理论指导。

一　国际犯罪犯罪构成的理论研究

各国学者在研究作为认定国际犯罪标准的国际犯罪犯罪构成

---

① 犯罪构成之一的构成要件，最初是以刑法分则规定的具体犯罪的各种行为特征，加以概括的结果。随着刑法总则/分则体例的形成，才从特殊的构成条件发展为一般的构成条件。构成要件的该当性是在罪刑法定主义的基础上建立的观念，具有无可辩驳的法定性。在犯罪构成的发展过程中，从诉讼法中引入实体法，存在从构成事实逐渐演变为法律规定的行为，构成犯罪标准的过程。犯罪构成作为一种法律规定与理论命题，是各种犯罪事实加以抽象与概括而形成的，对刑法理论起了极大的推动作用。因此既要充分肯定犯罪构成的法定性，是罪刑法定原则中，罪的法定性的直接体现；又要将其视为刑法学研究的理论概括。参见陈兴良《犯罪构成的体系性思考》，《法制与社会发展》2000 年第 3 期。

时，通常会延伸国内刑法的犯罪构成理论，认为国际犯罪构成从根本上来说与国内刑法的犯罪构成是共通的。[①] 但是由于国际犯罪的认定尚缺乏明确的标准，加之各国刑法理论体系的差异，[②] 学者对国际犯罪的构成的认识也不尽相同，或多或少地打上了本国法的印记，差异主要表现为以下三个方面：国际犯罪构成的称谓、国际犯罪构成的要件和国际犯罪构成要件的要素。[③]

而国际犯罪构成的理论性研究又是建立在各国犯罪构成理论一致性的基础上：通过比较研究，各国犯罪构成理论大都是以主客观统一为前提，具体犯罪构成要件的规定又有相通之处：

其一行为，“无行为则无犯罪”，几乎是各国刑法的通例。在以德日为代表的大陆法系递进式的犯罪构成体系中，属于构成要件

---

① 李海滢：《国际犯罪的基设性理论研究》，吉林大学出版社 2008 年版，第 41 页。

② 由于国家性质、历史文化传统以及法律体系不同，形成了不同的犯罪构成理论：以德日为代表的大陆法系犯罪构成体系理论呈现的是从客观到主观相递进式统一，由构成要件该当性（行为、因果关系，故意和过失）、违法性和有责性构成；原苏联及我国理论呈现的是客观与主观相对应耦合式统一，由犯罪客体、犯罪的客观方面、犯罪主体、犯罪的主观方面构成；以英美为代表的犯罪构成分为实际意义上的犯罪要件和诉讼意义上的犯罪成立条件两个层次，由犯罪行为、犯罪意图、合法抗辩三部分组成，实际意义上或犯罪定义中的成立条件是犯罪行为和犯罪意图，诉讼意义上的成立条件是责任要件，由合法抗辩即免责理由体现。在英美法系刑法理论中，不存在完全对等的“犯罪构成”这一概念，犯罪构成在英美刑法中亦不是严格的专业术语。我国学者将英文中 the material elements of a crime，或 the premises of a crime，constitution of a crime 或 ingredients of a crime 视不同情况，译为犯罪构成（犯罪成立条件）或犯罪构成要件。参见陈兴良《犯罪构成的体系性思考》，《法制与社会发展》2000 年第 3 期。

③ 在大陆法系刑法理论中，犯罪构成相当于犯罪成立的条件，是指犯罪成立要件整体，包括构成要件的该当性、违法性和有责性。犯罪构成要件（Tatbestand）是指某种行为具备犯罪构成事实，仅是犯罪构成要件之一的构成要件的该当性。学者指出，犯罪成立要件是刑法学就犯罪之结构，依分析所得之诸种构成要素之和，与法国、日本两国学者一般用“构成要件” Tatbestand 一词不可混同，具备这一要件并不意味着构成犯罪，因而犯罪构成要件与犯罪构成有别，是整体与部分的关系，构成要件是犯罪构成的一部分。国内学者对国际犯罪构成的研究，参见陈兴良《犯罪构成的体系性思考》，《法制与社会发展》2000 年第 3 期；马呈元《国际刑法论》，中国政法大学出版社 2008 年版，第 251—264 页；李海滢《国际犯罪的基设性理论研究》，吉林大学出版社 2008 年版，第 136—158 页。

该当性的行为和结果；在原苏联及我国的耦合式构成体系中，是犯罪客观方面的内容；在英美为代表的双层次构成体系中，是犯罪行为。

其二罪过，在递进式体系中是构成要件该当性的主观构成要素部分和有责性的责任能力部分；在耦合式体系中是犯罪主观方面的基本内容；在双层次构成体系中表现为犯罪意图，即“没有犯罪意图的行为，不能构成犯罪”（Actusnon facit reum，nisi mens sit rea）。

（一）“国际犯罪的构成要件”

巴西奥尼教授在其组织起草的《国际刑法典草案》第6条“国际犯罪的构成要件”（element of an international crime）中提出，构成国际犯罪一般应包括的要件与排列体系是：物质要件（materieal element）、因果要件（causal element）、心理要件（mental element）和危害（harm）。[①] 其中物质要件或称行为要件，是指构成国际犯罪的任何自愿的作为或不作为。因果要件，是指当某一行为是造成某一结果的前提，并且没有这一前提该结果就不会出现，或者该结果是这一行为可预见的后果时，该行为即成为该结果的原因。心理要件，是指罪犯在实施犯罪行为时的心理状态，包括蓄意（intent）、明知（knowledge）和轻率（recklessness）。至于危害，巴西奥尼教授认为应当按照有关犯罪的定义确定，如果犯罪定义中没有必须有物质性危害后果的要求时，危害也就不是犯罪构成的必要要件。

其后，巴西奥尼在1999年出版的《国际刑法中的危害人类罪》，对“国际犯罪构成”的研究，趋近《ICC犯罪要件》规范的基本体系，又在“四要件”基础上增加“刑事责任豁免或者免除的要件”，使其形式上大体符合普通法系的一般体系特征（见图

① M. Cherif Bassiouni，*A Draft International Criminal Code for an International Criminal Tribunal*，Boston：Martinus Nijhoff Publisher，1987，pp. 100 – 101.

3—1）。[①]

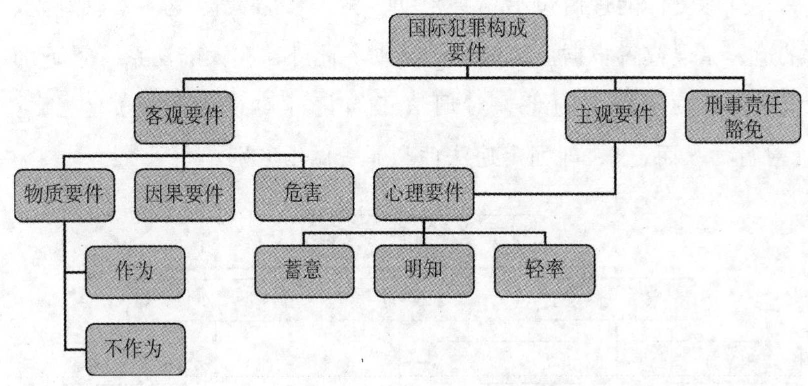

图 3—1　巴西奥尼的"国际犯罪的构成要件"

（二）"国际法项下的犯罪结构"

韦勒教授对国际犯罪犯罪构成的分析分三步进行（见图 3—2），包含物质性因素、心理性因素和排除责任根据，比较贴近《ICC 规约》和《ICC 犯罪要件》。而韦勒教授认为刑事起诉障碍，是犯罪定义之外的因素，是审判的要求和程序法上的犯罪构成。[②]

物质性因素，包括行为、结果和包括在这个国际法项下的犯罪定义中所具有的任何伴随性情节。例如对于危害人类罪和战争罪来说，对平民人口的攻击或者武装冲突，必须强调为关键性情节。

心理性因素要求行为人在实施这个行为的物质性因素时，是"以故意和知道"的心理状态进行。对于某些国际犯罪来说，这些要求并不那么严格；对于其他国际犯罪来说，条件会更严格，或者还需要增加一些其他主观因素，例如种族灭绝的意图；行为、结果

① 巴西奥尼所述的国际犯罪构成的四个要件中，除心理要件属于主观要件之外，其他三个要件都可以被视为国际犯罪的客观要件；在这三个要件中，行为要件最重要，因为如果国际犯罪的定义中不包含必须存在物质性危害后果的因素时，因果要件和危害要件就不必要了。参见宋健强、任思丹《"犯罪论体系"的国际考证》，《黑龙江社会科学》2010 年第 3 期。

② ［德］格哈德・韦勒：《国际刑法学原理》，王世洲译，商务印书馆 2009 年版，第 112—138 页。

和各种情节也是犯罪心理性因素的参考要点。

排除责任的理由包括精神疾病、醉态、自我防卫、紧急避险、被迫、错误或者根据上级命令的行动。此外，在大陆法系背景下的刑法学者的不懈努力下，对刑法正当化（对行为而言）和免责（对行为人而言），即固定违法性和罪责做出区别。

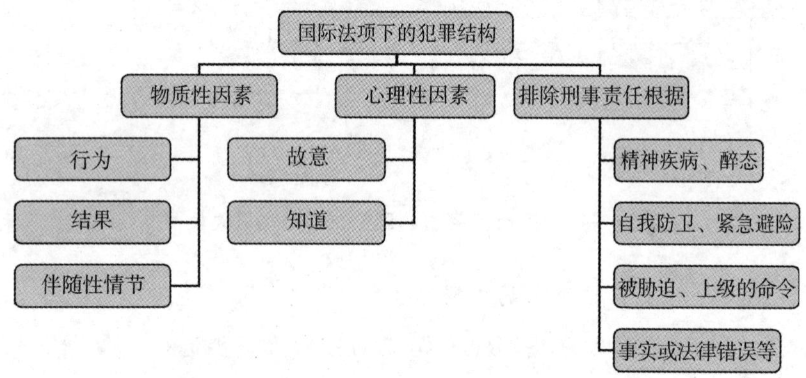

图 3—2　韦勒的"国际法项下的犯罪结构"

（三）国际犯罪犯罪构成的一般标准

尽管不同法系的学者对国际犯罪的犯罪构成及其要件有不同的理解，基于对国际犯罪这一客观现象的认识和打击国际犯罪的共同追求，使各国学者通过系统性研究，对国际犯罪所共有的结构性要素进行分类，确定其构成的一般标准。①

从理论层面，国际犯罪的构成有两个方面：罪行（行为和罪过）和免责事由，也可分为三个支点，即危害行为、主观心理态度和免责事由——罪行是刑事责任创设的根据，由物质性因素（危害行为）和心理性因素组成，即"犯罪的客观要素"和"犯罪

① 限于篇幅和现有资料，仅各举大陆法系和英美法系的一位代表人物的观点。同为大陆法系背景的安东尼奥·科塞斯在《国际刑法》一书的实体法部分，"国际犯罪论"和"国际刑事责任"的基本体系框架，与 ICC 的犯罪要件的模板，以及巴西奥尼设计的国际犯罪构成体系基本一致。具体的国际犯罪，如"战争罪""灭绝种族罪"和"危害人类罪"的分析都表现出规整的"犯罪客观要素"与"犯罪主观要素"，严格体现"主、客观分立"和"先客观、后主观"的思维法则。

的主观要素"；免责事由是一些排除责任（不仅仅但主要是刑事责任）的规则，主要是实体性根据（如自我防卫和紧急避险），通常不包括免予起诉的程序性障碍（如无能力和时效规定）。

二　国际犯罪犯罪构成的法定性规定

为了进一步说明国际犯罪的构成，体现罪刑法定主义原则，需要对现有的国际刑事法律规范加以研究。迄今为止，国际刑事法律以国际条约和国际习惯为基本渊源，并未出现类似国内刑法典总则部分的规定。各种国际犯罪的具体构成要件的规定，体现在有关这些犯罪的国际条约中，有些国际犯罪的构成要件甚至需要通过对不同条约的有关规定加以分析综合才能确定。

二战后主要的国际性刑事法庭对其管辖下的国际犯罪，参照世界主要刑事法律制度的一般原则，规定其犯罪构成国际刑事法律对具体的国际犯罪的构成规定有共通之处，因此适用于所有国际犯罪构成的一般要件，要从对各个具体犯罪的构成要件进行抽象概括中得出。①②

---

① Ferrando Mantovani, "The General Principles of International Criminal Law: The Viewpoint of a National Criminal Lawyer", *Journal of International Criminal Justice*, Vol. 1, No. 1, April 2003.

② 迄今为止，以前南斯拉夫问题国际刑事法庭（ICTY）规约、卢旺达问题国际刑事法庭（ICTR）规约及国际刑事法院（ICC）罗马规约最有影响力。仅就规约条文而言，三者对于具体罪名的规定相似度较高，显示出各罪理解的一致性。以"灭绝种族罪"为例，ICC 规约第 6 条规定：为了本规约的目的，"灭绝种族罪"是指蓄意全部或局部消灭某一民族、族裔、种族或宗教团体而实施的下列任何一种行为：（1）杀害该团体的成员；（2）致使该团体的成员在身体上或精神上遭受严重伤害；（3）故意使该团体处于某种生活状况下，毁灭其全部或局部的生命；（4）强制施行办法，意图防止该团体内的生育；（5）强迫转移该团体的儿童至另一团体。ICTY 规约第 4 条规定：（1）国际法庭应有权对犯有本条第 2 款定义的灭绝种族罪的人或犯有本条第 3 款所列举任何其他行为的人予以起诉。（2）灭绝种族指蓄意全部或局部消灭某一个民族、人种、种族或宗教团体，犯有下列行为之一：（a）杀害该团体的成员；（b）致使该团体的成员在身体上或精神上遭受严重伤害；（c）故意使该团体处于某种生活状况下，以毁灭其全部或局部的生命；（d）强制实行办法，意图防止该团体内的生育；（e）强迫转移该团体的儿童至另一团体。（3）下列行为应予惩治：（a）灭绝种族；（b）预谋灭绝种族；（c）直接公然煽动灭绝种族；（d）意图灭绝种族；（e）共谋灭绝种族。而 ICTR 规约第 2 条几乎是对 ICTY 规约灭绝种族罪规定的复制。参见《国际刑事法院罗马规约》，2012 年 2 月 6 日（http：//www. icc - cpi. int/NR/rdonlyres/ADD16852—AEE9—4757—ABE7—9CDC7CF02886/283503/RomeStatutEng1. pdf）；《联合国前南斯拉夫问题国际刑事法庭规约》，2012 年 2 月 6 日（http：//www. cuplfil. com/ziliao_ detail. asp？ infoid = 118）；《卢旺达问题国际刑事法庭规约》，2012 年 2 月 6 日（http：//www. cuplfil. com/ziliao_ detail. asp？ infoid = 121）。

以《国际刑事法院罗马规约》[①] 为例，《罗马规约》或《ICC 规约》（第6条灭绝种族罪、第7条危害人类罪和第8条战争罪的规定）和《ICC 犯罪要件》[②] 对国际犯罪构成的规定，对国际犯罪的构成研究具有一般性指导意义。《ICC 规约》第三部分“刑法的一般原则”，表明与英美法系在语言上的一种确定而密切的关系；同时，第31条“排除刑事责任的理由”，则体现了与大陆法系概念性术语的密切性。ICC 规约体现英美法和大陆法系犯罪构成的各种因素，又把这些因素联结在一个国际法项下的犯罪的特别概念之中。

《ICC 犯罪要件》的一般性导言中首先明确，该文件的目的是为了协助 ICC 在符合《规约》的情况下，“解释和适用第6条、第7条和第8条。《规约》的规定，包括第21条及第三编规定的一般原则，适用于《犯罪要件》”；《犯罪要件》中，“行为人”一词为中性用语，不表示有罪或无罪，各项要件，包括心理要件，均可比照适用于可能根据《规约》第25和第28条追究其刑事责任的人。这些规定表明，应当将《犯罪要件》和《规约》结合分析各个犯罪的构成。

《ICC 犯罪要件》一般性导言第7条指明：犯罪的普遍要件结构一般依下列原则排列：行为、后果或情况之后，列出必要的心理要件，最后列出相关的背景情况。虽然有学者认为在 ICC 规约的犯罪要件结构之中，即使做出进一步明确的要求，刑事责任的形式如何与各种犯罪的定义相联系仍然并不清楚，[③] 但这并不妨碍《ICC

① ICC 规约包含类似刑法典总则的第三部分“刑法的一般原则”，相较于 ICC 规约的全面性，其他两个规约主要以列举的方式，对其所管辖的国际罪行进行规定。如 ICTY 规约第5条和 ICTR 规约第3条危害人类罪：国际法庭应有权对国际或国内武装冲突中犯下下列针对平民的罪行负有责任的人予以起诉：（a）谋杀；（b）灭绝；（c）奴役；（d）驱逐出境；（e）监禁；（f）酷刑；（g）强奸；（h）基于政治、种族、宗教原因而进行迫害；（i）其他不人道行为。所以本书主要以罗马规约为例，对国际犯罪犯罪构成的法定性规定进行说明。

② 参见《国际刑事法院犯罪要件》，2012年2月6日（http://www.icc-cpi.int/NR/rdonlyres/336923D8—A6AD—40EC—AD7B—45BF9DE73D56/0/ElementsOfCrimesEng.pdf）。

③ ［德］格哈德·韦勒：《国际刑法学原理》，王世洲译，商务印书馆2009年版，第114页。

规约》和《ICC 犯罪要件》用相应的物质性因素（客观）和心理性因素（主观）对每个最严重的国际犯罪构成进行说明。

（一）物质性因素

物质性因素（material element）指国际犯罪的全部外部条件的总和。各种物质性因素不仅包括在各种犯罪定义中的客观特征。从《国际刑事法院规约》第 30 条第 2 款中能够得出这样的推论：责任的各种客观条件不仅包括行为、结果和各种情节，还包括背景性因素。

《ICC 规约》对行为的规定有作为和不作为两种，其中第 25 条“个人刑事责任”中，对物质性因素中的“行为”进行较为详细的列举，包括实施犯罪；命令、唆使、引诱实施犯罪，不论既遂或未遂。第 28 条“指挥官和其他上级的责任”规定，具有军事指挥官身份行事的人或上级人员，未对其有效控制的部队和下级人员适当行使控制，知道或者应当知道，部队或下级人员正在实施或即将实施犯罪，该军事指挥官未在其权力范围内采取必要而合理的措施，防止或制止犯罪的发生，应对部队实施的犯罪负刑事责任。

（二）心理性因素

与物质性因素不同，在《ICC 规约》对关于犯罪所具有的心理性因素，既有一般规定（第 30 条规定了可以适用的一般要求，通常为“故意”和“明知”）①，适用各罪的具体说明，如灭绝种族的心理因素要求，实施这个犯罪必须具有“故意和知道”。在三个规约中的具体条文中，都使用“蓄意”一词，强调全部或者部分毁灭一个国家、一个民族、一个种族或者一个宗教团体为目的特别的故意。

《ICC 犯罪要件》一般性导言第 2 条在肯定《规约》第 30 条

① 第 30 条心理要件：“（一）除另有规定外，只有当某人在故意和明知的情况下实施犯罪的物质要件，该人才对本法院管辖权内的犯罪负刑事责任，并受到处罚。（二）为了本条的目的，有下列情形之一的，即可以认定某人具有故意：1. 就行为而言，该人有意从事该行为；2. 就结果而言，该人有意造成该结果，或者意识到事态的一般发展会产生该结果。（三）为了本条的目的，‘明知’是指意识到存在某种情况，或者事态的一般发展会产生某种结果。‘知道’和‘明知’应当作相应的解释。”

的基础之上，又对心理性因素的规定给予一般性补充，“所列某种行为、后果或情况没有提到心理要件的，应理解为第 30 条规定的相关心理要件，即明知、故意或明知和故意，应予适用”。“对于根据《规约》及其有关条文规定的适用法律，不应适用第 30 条标准的例外情况，将另予说明。”而从相关事实和情节可以推断明知和故意的存在。在心理要件方面，涉及价值判断的要件，如使用“不人道”或“严重”等用语的要件，除另有规定外，不要求行为人亲自完成有关的价值判断。①

（三）排除刑事责任的理由

《ICC 犯罪要件》一般性导言的第 5 条指出，在每项犯罪下开列的犯罪要件中，通常不具体列出排除刑事责任的理由。《ICC 规约》第 31 条至第 33 条列举了排除刑事责任的各种根据。规约区分三种排除刑事责任的根据。在第 31 条第 1 款中，排除责任的理由是：因丧失能力以判断行为违法性的，或控制能力以使其行为符合法律规定（包括精神病或精神不健全；处于病理性醉态；以合理行为进行防卫；被迫实施的行为，面临死亡的威胁、继续或即将遭受严重人身伤害的威胁）；② ……以及还可以考虑依据第 21 条规定适用的法律，其他排除刑事责任的理由。第 32 条“事实错误或法律错误”和第 33 条“上级命令和法律规定”是附条件的免责事由。排除责任的其他理由，还可以从该规约之外的国际法律渊源中产生。③ 如果存在排除

---

① “所列某种行为、后果或情况没有提到心理要件的，应理解为第 30 条规定的相关心理要件，即明知、故意或明知和故意，应予适用。”“对于根据《规约》及其有关条文规定的适用法律，不应适用第 30 条标准的例外情况，将另予说明。”而从相关事实和情节可以推断明知和故意的存在。在心理要件方面，涉及价值判断的要件，如使用“不人道”或“严重”等用语的要件，除另有规定外，不要求行为人亲自完成有关的价值判断。

② 参见国际刑事法院罗马规约第 31 条排除刑事责任的理由、第 32 条事实错误或法律错误、第 33 条上级命令和法律规定。

③ 从《ICC 规约》第 31 条可以明确地得出这个结论，这个规则不是唯一的（exclusive）。规约使用各种用语，表述排除刑事责任的规则，如“排除刑事责任”“个人不应当承担刑事责任”（第 31 条）、“免除刑事责任”（第 27 条第 1 款）、“解除个人的刑事责任”（第 33 条）等。

责任的条件，就“在刑法上不应当承担责任”的范围内。

这些免责理由的应用受到极大的限制。因为缺乏相称性或与受保护的利益之间不平衡，正当防卫不能证明灭绝种族行为无罪；因为不可能无端地威胁他人的生命和身体，或者某种客观情况下，值得犯灭绝种族罪或危害人类罪，胁迫也无必要性；鉴于国际罪行的严重性，上级命令通常不是免除刑事责任的理由，在《ICC 规约》中，种族灭绝或反人类罪行的命令总是明显地违反国际法（第 33 条第 2 款）。甚至不考虑上级命令是可能减轻处罚的情节。当然有些不一致的规定，“规约”第 33 条第 1 款规定一些例外情况，使上级的命令成为免除刑事责任的理由。

三　统一的“国际犯罪的犯罪构成”

国际犯罪构成的理论性和法定性研究为统一“国际犯罪的犯罪构成”提供了条件。该犯罪构成既反映各种国际犯罪构成中共同的因素（行为和罪过），并为研究各种具体国际罪行的构成提供理论基础。以《ICC 规约》和《ICC 犯罪要件》（结合其他国际刑事法庭规约）为模板，参照不同法系学者对国际犯罪构成的理解，本书中国际犯罪的犯罪构成如图 3—3 所示。

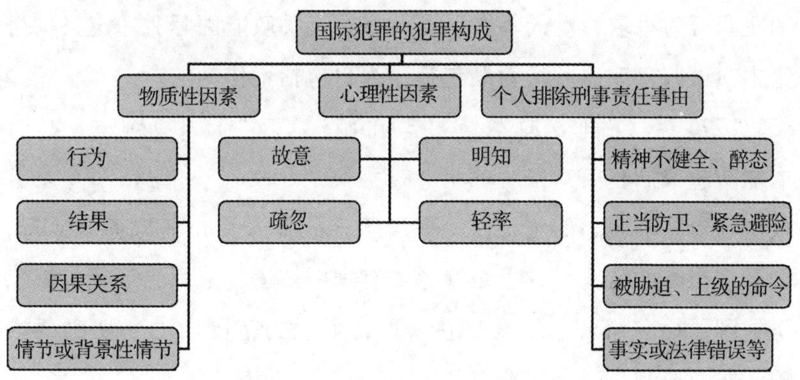

图 3—3　国际犯罪的犯罪构成

第二节　政府国际犯罪犯罪构成的物质性因素

由于国际犯罪与政府国际犯罪的构成是一般与特殊的关系，国际犯罪构成的确定为政府国际犯罪犯罪构成的研究奠定了基础。作为团体或组织犯罪的一种，政府国际犯罪的犯罪构成可以划为：作为政府团体的犯罪构成和成员个人的犯罪构成两个层面，其中后者可以大体套用图 3—3 所示的构成模型，而前者则需要进一步分析。

政府国际犯罪所具有的物质性因素，是可以描述或者规范的客观因素。根据统一的国际犯罪的犯罪构成，从行为、结果、因果关系、情节或背景性情节四个方面对物质性因素进行区分，结合政府国际犯罪的定义，包括政府蓄意或受政府政策支持的、有组织有系统的行为；对国际社会根本利益造成严重危害，行为与危害后果之间有因果关系；其他与具体行为和结果都没有关系、可用以判断具体罪名的情节。

一　作为与不作为

在国际刑事法领域，犯罪已扩大到未对构成违反重要国际义务的犯罪行为采取行动的领域。因此，在有关政府国际犯罪定义的讨论中，可归于政府的行为既包括作为也包括不作为。

1996 年《治罪法草案》第 2 条第 3 款："个人应对……（c）未能防止或制止第 6 条所载犯罪行为负刑事责任……"；第 6 条上级刑事责任不免除的情势，"下属所犯危害人类和平与安全罪行，如果在当时的情况下，上级知道或有理由知道，下属犯下或打算犯下这种罪行，如果上级没有在采取他们权力范围内的一切必要措施，防止或制止这种犯罪"。

对政府成员个人而言，尽管《ICC 规约》没有明确规定个人"行为"是否包括作为或不作为，或两者兼而有之的总体原则，但规约确实规定，具有法律义务以防止或制止犯罪发生的人，不作为犯罪的刑事责任。例如，《ICC 规约》第 8 条第 2 款第 2 项第 25 目“以断绝平民粮食作为一种战争方法，故意使平民无法取得生存所必需的物品”,[①] 以及《ICC 犯罪要件》在危害人类罪的导言中指出的不作为，一般以平民人口为攻击对象的政策是由国家或组织行动实施的，在特定情况下，这种政策的实施方式可以是故意不采取相应有效的行动，以此故意助长这种攻击行动。[②] 所以《ICC 规约》第 25 条个人刑事责任列举的“行为”和第 28 条“命令责任”——指挥官和其他上级的责任对军事指挥官、以军事指挥官身份有效行事的人或上级人员的不作为的规定，可以概括个人的行为包括不作为。此外，虽然 ICTY & ICTR 规约未能明确规定不作为犯罪的责任，但也的确表现出，对军事指挥官不阻止其下属的罪行的不作为，扩大为一种参与犯罪的形式，予以追责。[③]

对政府团体而言，其不作为更应予以追责。首先，基于社会契约原则，政府拥有双重身份，对内基本责任是维护国内社会的正常运转、保证公民的基本人权、对外基本责任是捍卫国家的基本权利，代表国家善意履行国际义务。政府不作为有时意味着没有履行相应的义务，例如，一国政府对其管辖范围内的大规模侵犯人权的情势置之不理，如种族灭绝，违反对世义务。其次，政府在一国国内，具有如军事指挥官的类似地位，如果在明知最严重的国际犯罪正在实施或即将实施，未对其有效管辖或控制下的人员和活动适当行使控制，或故意不理会明确反映这一情况的情报；未采取在其权

---

① 第 8 条危害人类罪：以平民人口为攻击对象的政策一般由国家或组织的行动实施。在特殊情况下，这种政策的实施方式可以是故意不采取行动，刻意以此助长这种攻击。

② 参见《ICC 规约》第 7 条有关“危害人类罪”的规定，2012 年 2 月 6 日（http：//www.icc - cpi.int/NR/rdonlyres/336923D8—A6AD—40EC—AD7B—45BF9DE73D56/0/ElementsOfCrimesEng.pdf）。

③ Ferrando Mantovani，“The General Principles of International Criminal Law：The Viewpoint of a National Criminal Lawyer”，*Journal of International Criminal Justice*，Vol. 1，No. 1，April 2003. 一般而言，每种具体国际犯罪在其犯罪定义中有明确的界定，行为是否包括作为和不作为，此处不做赘述。

力范围内的一切必要而合理的措施，防止或制止这些犯罪的实施的情况下，应对这些罪行负责。

二　结果和因果关系

犯罪不仅要求应当有犯罪化的行为，而且要求这种行为具有一种特殊结果，构成这种犯罪需要行为人的行为和这种结果之间存在一种因果性的联系。《ICC 规约》第 30 条“心理要件”第 2、3 款暗示因果关系的存在。

从具体的国际犯罪本身的定义中也可以得出对因果联系的要求。例如《ICC 规约》第 6 条灭绝种族罪第 2 项，“致使身体上或精神上遭受严重伤害”；第 7 条危害人类罪第 1 项第 11 款，“故意对人体或身心健康造成严重伤害，或造成其他重大的痛苦的性质相同的不人道行为”；第 8 条战争罪第 2 项第 2 款第 10 目，“致使在敌方权力下的人员肢体遭受残伤……并且导致这些人员死亡或严重危及其健康”。

政府国际犯罪是涉及性质特别严重，具有普遍性和系统性，损害规模、受害者数目和暴行的野蛮程度，危及世界和平与安全，绝不能听之任之不予处罚的最严重的国际犯罪。因此所有罪行产生的影响，甚至单纯的行为也会具有危害的结果，这种结果可以由已经实际发生的危害组成（如造成巨大物质性损害），或者仅仅由对受保护的权利所造成的危险和潜在的威胁组成（如严重威胁人类的健康）。以灭绝种族罪的构成为例：要求实施一种或几种在《ICC 规约》第 6 条第 1 款到第 5 款中列明的行为，但灭绝种族的物质性因素并不要求，具体的行为应当是对一个团体进行有系统的或者广泛攻击的一部分，该罪的成立不必以带来这个团体的全部毁灭或者其部分的毁灭的实质后果为条件。

所以，政府国际犯罪的结果可能是行为（依行为性质）、实质损害后果和潜在威胁（参见本书第二章第四节有关严重的行为性质和严重的行为后果的相关论述），而可归于政府的个人行为，如脱离其政府成员身份和国家公权力体系，显然不能产生这种“严重”的结果。

三　情节和背景性因素

除了行为和结果之外，国际犯罪还通常要求出现一些额外的、客观性、事实性特征，能与其他国际犯罪区别的情节。犯罪要件没有规定这些背景性要求必须反映在行为人的头脑之中。情节和背景性因素也是政府国际犯罪构成物质性因素的一部分，有助于判断政府国际犯罪的具体罪名。

《ICC 犯罪要件》第 7 条危害人类罪的导言中，说明了该罪的情节和背景性因素，针对平民人口系统地或广泛地进行攻击，不需要被解释为必须证明行为人知道这种攻击的所有特征，或是国家和组织计划或政策的细节。① 所以同样是杀害致人身体或精神遭受严重伤害的行为，在广泛或有系统地针对任何平民人口进行的攻击中，构成危害人类罪；如果“这个行为发生在一种以反对这个团体为目的的类似行为的明显模式的背景之中”，对象“为某一特定民族、族裔、种族或宗教团体的成员”，则可能构成灭绝种族罪。② 在国际武装冲突和与国际武装冲突有关的背景之中，针对已经放下武器的武装部队人员，包括因病、伤、拘留或其他原因而失去战斗力的人员（即事实上不能实际参加敌对行动的人）的杀害行为，符合战争罪的要求。③

① “在这些背景情况要件中，‘针对平民人口进行的攻击’意指，根据国家或组织攻击平民人口的政策，或为了推行这种政策，针对任何平民人口多次实施《规约》第 7 条第一款所述行为的行为过程。这些行为不构成军事攻击。”

② 参见《ICC 犯罪要件》中有关“灭绝种族罪”的规定，2012 年 2 月 6 日（http：//www. icc - cpi. int/NR/rdonlyres/336923D8—A6AD—40EC—AD7B—45BF9 DE73D56/0/ElementsOfCrimesEng. pdf）。

③ 参见《ICC 犯罪要件》中有关“战争罪”的规定，2012 年 2 月 6 日（http：//www. icc - cpi. int/NR/rdonlyres/336923D8—A6AD—40EC—AD7B—45BF9DE73 D56/0/ElementsOfCrimesEng. pdf）。

第三节　政府国际犯罪犯罪构成的心理性因素

国际罪行的惩罚离不开罪责原则。对组织或法律实体的犯罪实施双罚制，即团体刑事责任与个人刑事责任并存，就应从团体和个人各自的行为和罪过两方面进行分析，而主观罪过（心理性因素）是认定组织或法律实体的犯罪存在的难点。

政府国际犯罪构成心理性因素的分析分为两个层面：政府成员个人的犯意判断，大体可以套用《ICC 规约》和《犯罪要件》有关心理要件的规定，分为故意、明知、轻率和疏忽。而对政府整体犯意的判断，则可通过由政府意志形成机制通过的各种表现形式的政策进行判断。由于政府意志是经一定程序才能形成，所以很难产生轻率和疏忽的心理状态，应当是故意和明知；要么政府清楚地明白政策的实施会带来何种后果，视为故意；要么即使最初可能缺乏正确的判断，但对政策实施引起的后果听之任之，未对其有效管辖或控制下的人员和活动适当行使控制，或故意不理会明确反映这一情况的情报，视为明知。

一　成员个人的心理性因素分析

《ICC 规约》和《犯罪要件》有关心理要件的规定，适用于个人犯罪刑事责任的确定。对政府国际犯罪中成员个人刑事责任的确定，套用上述规则大体得当。参照国际犯罪的犯罪构成和有关国际公约对个人国际犯罪心理要件的规定，可从如下理解：过失包括故意和明知（间接故意），含蓄地排除单纯过失，即疏忽情况下的责任；还含蓄地排除个别犯罪因轻率的刑事责任，或更确切，是有预谋犯罪（如灭绝，种族强奸，驱逐出境，奴役或对平民的蓄意攻击）；个别罪行还需要特定的意图（如种族灭绝），也排除仅仅显示一般意图情况下的刑事责任；疏忽的过失基本被排除在规约之外，而第 28 条（指挥官和其他上级的责任）和第 33 条（上级命令和法律规定）属于默示的例外。[①]

二　政府整体的心理性因素分析

（一）政府整体（团体）意志的形成

政府国际犯罪的一般发生规律是，先有决策人员的犯意，后有政府的犯意，再有政府的犯罪行为。当然，政府成员的个体意志只有经过一定程序为决策机构认可之后才能上升为政府意志，没有得到政府认可的政府成员的意志只能视为个人意志。例如，希特勒的反犹思想——纳粹党的执政纲领——德国纳粹政府的屠犹行为。而且政府整体意志一旦形成后，便与内部成员个人意志相分离，成为超越任何个人意志而独立存在的整体意志，并支配政府成员个人的意志，这正是政府保持有序运行的前提之一。[②] 所以，政府虽由个人组成，但具有独立于成员个人意志的整体意志，政府的整体意志同政府成员个人意志有一定联系但实质不同，绝非政府内部成员个人意志的简单相加。

政府意志整体性和程序性的特点，具有划分政府行为和政府成员个人行为的机能，同时也是政府国际犯罪异于一般国际共同犯罪在心理因素上的区别。如前所述，政府国际犯罪体现整体意志，政府成员的意志须受前者支配，而国际共同犯罪中并不具有如前者一样的整体意志，更多地表现为独立性和联络性。

（二）政策是政府整体意志的表现形式

1996年国际法委员会《和平及安全治罪法草案》认识到，国

---

① Ferrando Mantovani, "The General Principles of International Criminal Law: The Viewpoint of a National Criminal Lawyer", *Journal of International Criminal Justice*, Vol. 1, No. 1, April 2003.

② 笔者认为，由于政府成员的身份同时具有二重性，作为政府整体构成要素之一的成员身份（此时政府成员依附于一定职位，受政府制度和政府意志的支配）和作为独立的自然人的个体身份；与此相应，其意志也体现出二重性：作为政府成员身份所执行的政府整体意志和作为自然人个体身份而形成的并体现其个体利益的个人意志。

家计划或政策是种族灭绝罪的核心;[①] 第 8 条危害人类罪是指有系统地、大规模从事受政府、任何组织或团体煽动或指挥的行动。《ICC 规约》和《犯罪要件》在种族灭绝和反人类罪起诉的情况下考虑国家计划或政策的作用。《ICC 规约》第 7 条危害人类罪第 2 项第 1 款规定，构成该罪的必要条件是根据国家或组织攻击平民人口的政策，或为了推行这种政策，而“针对任何平民人口进行的攻击”；第 8 条战争罪第 1 项规定，对战争罪具有管辖权，尤其是作为一项计划或政策的一部分所实施的战争行为。[②]

在 ICC 针对危害人类罪和战争罪的规定中，“计划或政策”的定语是国家和组织，这两者的区别仅仅是为了针对非国家行为者吗？巴西奥尼教授认为第 7 条危害人类罪的“组织政策”不能使其适用非国家行为者，如黑手党、基地组织，尽管它们对世界造成的损害可能不低于任何一个国家。[③] “组织”应指类似盖世太保和党卫军的政府机构，或者反政府武装等。因此“国家政策”和“组织政策”可以统一在“政府政策”之下。

---

① See Report of the International Law Commission to the General Assembly on the Work of Its Forty - Eighth Session Forty - Eighth Session Report, 1996, p. 45. 2012 - 6 - 5 (http://untreaty. un. org/ilc/publications/yearbooks/Ybkvolumes (e) /ILC_ 1996_ v2_ p2_ e. pdf).

The extent of knowledge of the details of a plan or a policy to carry out the crime of genocide would vary depending on the position of the perpetrator in the governmental hierarchy or the military command structure. This does not mean that a subordinate who actually carries out the plan or policy cannot be held responsible for the crime of genocide simply because he did not possess the same degree of information concerning the overall plan or policy as his superiors. The definition of the crime of genocide requires a degree of knowledge of the ultimate objective of the criminal conduct rather than knowledge of every detail of a comprehensive plan or policy of genocide.

② 第 7 条：“‘针对任何平民人口进行的攻击’是指根据国家或组织攻击平民人口的政策，或为了推行这种政策。”第 8 条：“本法院对战争罪具有管辖权，特别是对于作为一项计划或政策的一部分所实施的行为。”

③ M. Cherif Bassiouni, *The Legislative History of the International Criminal Court: Introduction, Analysis and Integrated Text Vol. I*, Hague: Martinus Nijhoff Publishers, 2005, pp. 151 - 152.

（三）政府政策对分析政府心理性因素的作用

尽管ICC最近的判例把重点往往放在个人罪犯的心理因素上，并驳回任何国家政策作为组成部分的相关性的分析，ICC法庭假定，个别人的单独行动，犯有种族灭绝罪或危害人类罪，能达到摧毁一个族群或广泛或有系统地迫害平民的程度。这种假定可以解释ICTY早期审判集中于中低级别肇事者的原因；但这种假定是对事实的曲解，应当将政策作为这类罪行的构成元素。[①]

以种族灭绝为例，在特定案件中确定种族灭绝的犯意是审判的关键，特别是种族灭绝需要系统地实施。在实践中，如果能够确定相关政策的存在，起诉种族灭绝的行为者会简单得多，可以直接针对那些政策制定者和知晓政策的最高负责执行者。因为从抽象实体中隔离的个人罪行，很少能达到种族灭绝罪“国际社会严重关切”的程度。

二战后的实例清楚表明，大规模残暴罪行涉及制定政策的领导者，那些实际执行者有时是不知情的参与者。因此，在这些案件中确定犯意有两个组成部分：有政策吗？这是政府整体意志的表现形式；行为人是否知晓政策的意图，并进一步以行动实现它？这是政府成员个人意志的体现。《ICC规约》第25条第3项第4款、《制止恐怖主义爆炸国际公约》第2条第3项第3款[②]也是证明。国际

① William A. Schabas, “State Policy as an Element of International Crimes”, *Journal of Criminal Law and Criminology*, Vol. 98, No. 3, Spring 2008.

② 《ICC规约》第25条（三）：“以任何其他方式支助以共同目的行事的团伙实施或企图实施这一犯罪。这种支助应当是故意的，并且符合下列情况之一：（1）是为了促进这一团伙的犯罪活动或犯罪目的，而这种活动或目的涉及实施本法院管辖权内的犯罪；（2）明知这一团伙实施该犯罪的意图；《制止恐怖主义爆炸国际公约》第二条3. 任何人如有以下行为，也构成犯罪：（a）以共犯身份参加本条第1款或第2款所述罪行；或（b）组织或指使他人实施本条第1款或第2款所述罪行；或（c）以任何其他方式，出力协助为共同目的行事的一群人实施本条第1款或第2款所列的一种或多种罪行；这种出力应是蓄意而为，或是目的在于促进该群人的一般犯罪活动或意图，或是在出力时知道该群人实施所涉的一种或多种罪行的意图。”

刑事法庭的注意力应当集中在数量有限的罪犯，直接指向政策的制定者。违反国际强行法的政府政策将使犯下令人发指罪行的肇事者失去追求国家利益、有罪不罚的借口，从而促进国际司法合作机制的完善。

第四节　排除政府国际刑事责任的事由

《ICC 规约》和《犯罪要件》排除责任的条件主要针对个人刑事责任，可以作为政府成员个人免责的理由，而非政府团体刑事责任免责的理由。排除刑事责任理由或得到国际刑事法律的支持，或是派生于国家的法律制度的一般原则，或隐含于犯罪的定义之中。借鉴 2001 年《国家责任条文草案》国家责任免除的情况，将政府国际犯罪可能的团体免责事由逐一分析。

一　同意

因为禁止性规范或强行法规范使同意与免责理由无关，政府国际犯罪涉及的是违反强行法的国际犯罪，因此不得以所谓获得受害者同意为理由，从事与整个国际社会承认的基本法律规则背道而驰的行为。事实上，这些禁止性规范或强行法规范旨在禁止宏观犯罪，强行法规范保护的合法资产和权益（例如人身权、生命权）往往是不可能以同意放弃或其他方式自由地处置。

二　自卫和对抗措施

政府在国际社会代表国家，在国内行使最高统治权，执行政府职责，使用自卫与对抗措施是国际法确认的合法行为，是国家主权的重要内容。但是二者的使用不是出于故意或恶意，而是被迫不得已的自保行为，必须有针对性而且适度，不得以自卫和对抗措施为理由采取不适度的报复，失去其原来的意义，成为政府推行强权政治的幌子（在实践中如何掌握行为的“适度”，始终是有争议的问题）。以自卫为例，即使对侵略国的军队和平民也不能采取不分青红皂白的战争方式，而不论侵略国是否如此；再以灭绝种族为例，因为缺乏相称性或与受保护的利益之间不平衡，自卫不能证明无罪；作为对抗措施的灭绝种族行为，因违反强行法而根本非法。

三 不可抗力

政府由于不可抗力的原因，或者由于政府无力控制和无法预料的事件发生，而在实际上无法履行其所承担的国际国内义务，因此而发生的行为，在国际法上不视为不法行为。换言之，政府不对这类行为在国际法上承担法律责任，尤其是刑事责任，如在反政府武装控制下的种族灭绝。不可抗力使政府履行相应的国际义务成为事实上的不可能。

四 危难与危急情况

危难是指代表国家执行公务的机关或个人，在遭遇危难的情况下，为挽救其生命或受其监护的其他人的生命，并以避免造成类似的或更大的灾难为前提，所做出的唯一选择，不得已违反国际义务的行为。危难概念主要针对个人行为，与《ICC 规则》第 31 条（1）（d）的规定类似，比较容易理解，可以作为政府成员个人的免责理由。

危急情况指国家在本身遭遇严重危及根本利益的紧急情况下，为了对抗某项严重迫切的危险而采取的必要行为。因为适用危急情况须满足两个条件，其一，该行为是该国保护基本利益，对抗某项严重迫切危险的唯一办法；其二，该行为并不严重损害作为所负义务对象的一国或数国或整个国际社会的基本利益。所以作为解除不遵守国际义务行为不法性的理由，在下列情况下，不得援引危急情况。第一，有关的国际义务是国际法强行规则，无论基于何种理由均不得违反；第二，有关国际义务排除援引危急情况的可能性；第三，所谓的“危急情况”是由于当事国本身的行为造成的。①

如何判断以“国家利益”或“紧急情况”为由的政府行为是否构成政府国际犯罪？有关“危急情况”的规定似乎可以部分解答这一问题，判断标准如下：（1）政府行为是否为保护该国受国际法保护基本利益，对抗某项严重迫切危险的唯一办法；（2）该行为并不严重损害作为所负义务对象的一国或数国或整个国际社会的基本利益；（3）该危急情况不是政府的先行行为促成；（4）该行为不违反强行法规则。

本章小结

“政府国际犯罪”的犯罪构成分为物质性因素、心理性因素和排除责任事由三部分。政府国际犯罪的构成从两个层面分析：作为整体的“政府国际犯罪”团体犯罪构成和在整体“政府国际犯罪”项下政府成员个人的犯罪构成。

前者的犯罪构成如图3—4所示，视“政府国际犯罪”为一整体的团体犯罪构成：

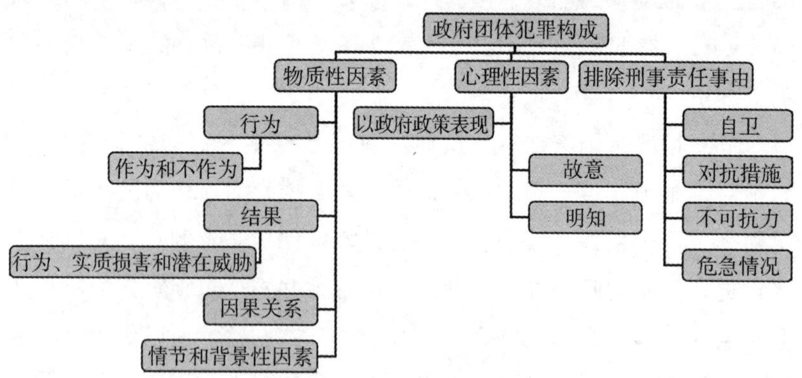

图3—4　“政府国际犯罪”团体犯罪构成

① 王铁崖：《国际法》，法律出版社1995年版，第107页。

（1）物质性因素方面：可归于政府的行为包括作为和不作为，由行为导致的犯罪结果可能是行为、实质损害后果和潜在威胁的一种或几种情况，有助于判断政府国际犯罪的具体罪名的情节和背景性因素。

（2）在心理性因素方面，政府有独立于其成员个人意志的整体意志，通过政府政策体现，表现为故意和明知。

（3）适用于政府国际犯罪的免责规则有自卫、对抗措施、不可抗力和危急情况，均受不同条件的限制，因此判断援引“国家利益”或“紧急情况”为由的政府行为，是否构成政府国际犯罪，还需要满足一定的条件。

后者的犯罪构成如图3—5所示，大体可以套用统一“国际犯罪的犯罪构成”模型：

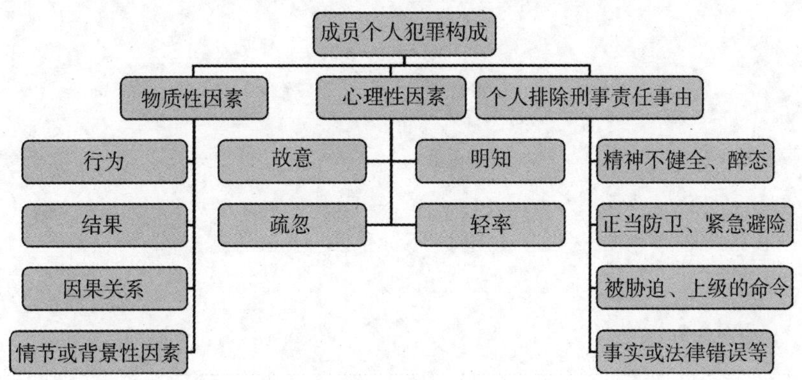

图3—5　“政府国际犯罪”成员个人犯罪构成

（1）在物质性因素方面，与整体“政府国际犯罪”的基本一致，包括行为、结果、因果关系、情节和背景性因素。

（2）心理性因素通常为“故意”和“明知”，疏忽和轻率属于例外情况，由法律条文另予说明。

（3）成员个人排除刑事责任的理由基本与《ICC规约》和

《ICC 犯罪要件》的规定一致。[①]

在政府国际犯罪刑事责任免责规则中，除去“同意”一项，其他则适用于不同情况。与对抗措施和自卫行为相比，危急情况不受事先条件所限，援引危急情况不必考虑对方是否同意，也不要求对方已有违法行为；在不可抗力的情况下，政府并非有意不履行自己的义务，而是在事实上无法履行；在危急情况下，政府对于自己行为可能产生的法律后果是清楚的，但是为了更大的利益，只能做出如此选择；而自卫和危急情况成为免责理由都必须满足四个基本条件：涉及根本利益；情况非常紧急和严重；所采取的行为是唯一可行的办法，非此不能避免危险；行为必须有针对性而且适度。

---

① 参见《罗马规约》第 31 条排除刑事责任事由：包括因丧失判断行为的不法性或性质的能力，或控制其行为以符合法律规定的能力，包括患有精神病或精神不健全、处于醉态、以合理行为防卫本人或他人、面临即将死亡的威胁或面临继续或即将遭受严重人身伤害的威胁而被迫实施……以及其他法律规定的免责事由。

第四章　政府国际犯罪与国家犯罪的关系

在界定政府国际犯罪概念和分析其犯罪构成的基础上，需要探讨国际法上政府国际犯罪与国家犯罪的关系。[①] 从逻辑学的角度，两个概念之间的关系是指概念外延（概念所指的对象范围，即具有概念所反映的特有属性的对象）之间的关系，主要有以下五种：全同关系、真包含于关系、真包含关系、交叉关系和全异关系。[②] 如果“国际法上国家犯罪包含政府国际犯罪”的命题或判断为假（即命题或判断不符合思维对象的实际情况），不是逻辑学中全同关系或真包含于关系，那么两者之间的关系为何？

第一节　“国家”与“政府”的关系

一　“国家”的定义

与政府概念类似（有关政府定义的讨论见本书第二章第一节），有关国家概念的争议颇多，几乎不存在普遍接受的定义。

---

① 本章内容已部分发表于钱晓萍《“政府犯罪”对“国家犯罪”的替代性研究——国际刑法框架内基于理论和实例的结论》，《中国刑事法杂志》2011 年第 9 期；钱晓萍《政府犯罪：研究国家国际犯罪的新视角》，《中国刑事法杂志》2010 年第 4 期。

② a、b 代表两个不同的概念。如果所有 a 是 b，并且所有 b 是 a，那么 a 与 b 具有全同关系；如果所有 a 是 b，并且有 b 不是 a，那么 a 真包含于 b；如果所有 b 是 a，并且有 a 不是 b，那么 a 真包含 b；如果有 a 是 b，有 a 不是 b，并且有 b 不是 a，那么 a 与 b 具有交叉关系；如果所有 a 不是 b ，那么 a 与 b 具有全异关系。

在哲学领域探讨国家本性，主要分为共同体说和契约论两大流派（还有其他学派，如神权论和暴力论，在此不逐一而论）。国家作为一个政治共同体，是自古希腊以来就已经形成的古典政治观念。亚里士多德认为国家是为了维持“最高的善”而存在的政治共同体；西塞罗、康德等人认为国家是人们依照法律结成的具有共同利益的集合体。西塞罗在《论共和国　论法律》一书中指出：“国家乃人民之事业，但人民不是人们某种随意聚合的集合体，而是许多人基于法的一致和利益的共同而结合起来的集合体。”①

契约论者如霍布斯、洛克和卢梭等人在解释国家存在的合理性时，出于“自然法”原则，认为人们组成国家是基于某些共同利益，国家基于个人利益而建立，并服务于个人利益的实现。人们通过订立契约的方式谋求和平，国家的出现是用以对违反契约的人进行处罚，因而是“带剑的契约”。霍布斯在《利维坦》一书中认为，人们为了摆脱“自然状态”，彼此之间共同约定：大家都放弃自己的全部权力并把它交给个人或由一些人组成的会议，使他（们）担当起他们的人格，并且承认他在和平与安全的事务方面所做的一切都是大家同意的——公共权力或国家就建立起来了。霍布斯将按照上述契约而“统一在一个人格之中的一群人”叫作国家。而布丹受亚里士多德思想影响，在《国家六论》中用契约说和暴力说结合的观点，说明国家是为了共同防卫和共同利益需要而结合起来的，结合的形式是通过相互协议，共同缔结契约，共同承认一个主权。

从政治经济学的角度，对于“国家的理论”主要分为三种：马克思主义、多元论和制度主义。多元论认为国家既不是争夺利益的竞技场，也不是某些利益集团的代表机构。权力在社会的架构里

---

①［古罗马］西塞罗：《论共和国　论法律》，王焕生译，中国政法大学出版社1997年版，第188页。

进行竞争，而国家政策则是周期性谈判所制造的结果。多元论认为国家的行为是由多头政治和各种利益团体的压力所产生的。制度主义主张人的行为是机构的基本模型，宣称国家并非是“工具”或是“竞技场”，也不会依照某种阶级的利益而“运作”，而是强调公民社会在经济和国家之间的介入，以此解释国家形式的变化。①

马克思主义认为国家是社会发展到一定历史阶段出现的一种特殊的制度设计，国家就是暴力机器，是一个阶级用来镇压另一个阶级的有组织形式的暴力；国家是经济上占统治地位的阶级进行阶级统治的政治权力机构。恩格斯在《家庭、私有制和国家的起源》一文中，较完整地表述了马克思主义的国家定义。“国家是……经济利益互相冲突的阶级，不致在无谓的斗争中把自己和社会消灭，就需要有一种表面上凌驾于社会之上的力量，这种力量应当缓和冲突，把冲突保持在‘秩序’的范围之内；这种从社会中产生但又自居于社会之上并且日益同社会脱离的力量，就是国家。”

马克斯·韦伯强调国家是一种制度性的权力运作机构，在实施其规则时，垄断着合法的人身强制；如果没有一个社会机构能垄断一定领土内使用暴力的合法性，那么这个社会将很快陷入无政府状态；因此国家包括一些机构，如武装部队、公务人员，或是国家官僚、法院和警察等政府机构；在国际关系的理论上，只要一个国家的独立地位被其他国家所承认，这个国家便能踏入国际的领域，而这也是证明其自身主权的关键。②

从国际法的角度，国家的法律标准是不明确的，因为通常这方面的法律都被政治情况所左右。1933 年《蒙特维多国家权利与义务公约》（Montevideo Convention on the Rights and Duties

---

① 孙关宏：《政治学概论》，复旦大学出版社 2003 年版，第 73—114 页。

② ［德］马克斯·韦伯：《经济与社会》，林荣远译，商务印书馆 1997 年版，第 731 页。

of States）第一条经常被引述，作为国际法上对国家的定义："国家拥有国际法人格应当具备下列条件：常住人口、明确的领土、政府和与其他国家建立关系的能力。""主权"是将国家与其他政治实体区分的要素，在《中华法学大辞典·国际法学卷》中，"一个政治实体仅仅具备人口、领土和政府，仍然不能构成国家，而只能是一国的地方行政单位或殖民国家的殖民地，而只有享有充分主权和独立，才能成为国家"。

总之，除了对国家现象的描述外，"国家"的定义通常包含三个因素。首先国家是一套由相关人员操纵的机构，这种机构最重要的是作为暴力与强制手段；其次国家对内需关注它的国内社会，对外需留意它在其中活动的更大范围的各种社会（与其他国家、国际组织及整个国际社会的关系）；最后国家垄断其领土内的规则制定的权利，这种情况要求创建一种被所有公民分享的共同政治文化。[①] 综上，在本书中，国家是指拥有主权，具有特定的领土和人口，能与其他国家建立正常外交关系，在其领土内享有唯一的合法使用暴力的权力，能够为其人民提供社会商品的政治实体/组织。

二 "国家"与"政府"的联系

国家和政府都是成长于社会之中而又凌驾于社会之上，以暴力或合法性为基础，带有相当抽象性的权力机构。政府与国家的联系集中体现在：政府承担着行使国家主权的使命，是实现国家意志的机关，是国家公权力的实际掌握者，是公共事务的管理服务机构。国家掌握着对市民社会及其成员的强制性权力，这份权力在一定意义上，是由政府代表国家掌握着。因此"国家"与"政府"之间的界限有时显得模糊，甚至可以互换使用。

---

① ［美］约翰·霍尔、约翰·艾坎伯雷：《国家》，施雪华译，吉林人民出版社2007年版，第3页。

（一）国家是政府合法性的直接来源

无论是以洛克、卢梭等为代表的西方近代民主思想，来解释国家的存在，还是马克思主义以阶级统治的理念，来构建国家的合法存续，他们具有同一观点——国家权力来自于公民权力的出让。① 布丹认为，国家是由多数家庭的人员和共同财产组成的拥有最高权力的合法政府。当国家从公民那里获得维持其存在的自然权力，这种权力就被以国家根本大法——“宪法”的形式固定下来。“宪法”一经形成便表现出绝对的强制力，每部“宪法”都做出规定限制政府存在形式、活动范围及其权力。宪法是人们对政府合法性认定的基础。因此国家的存在是一国政府合法性的前提。②

（二）国家主权“具体化”的表现形式是政府实现国家职能

在国际法上，政府作为国家主权的代表和具体形态，是构成国家最为重要的元素。在一国国内，政府是国家权力的执行机构，国家权力是实现国家目标最为基本的手段。“政府作为一种秩序化统治条件而言，是国家权威性的具体表现形式。”③ 政府作为国家立法机关、行政机关和司法机关等公共机关的总和，代表国家公权力，行使国家主权，实现国家对内、对外职能，保证社会的有序状态和公民利益（人民出让自然权利换来相应利益，故承认国家主权的合理性与至上性）。④

（三）国家以政府公共人格的形式获得国内的最高统治权

政府对内的责任是为公众服务，维护社会的正常运转、制定政

---

① 何勤华：《西方法律思想史》，复旦大学出版社 2005 年版，第 58—59 页。

② 涂春元：《国家责任与政府责任辨析》，《辽宁行政学院学报》2007 年第 5 期。托马斯·潘恩认为，宪法不是一种名义上的东西，而是具体的、实在的、先于政府的东西，政府不过是宪法的产物。一个国家的宪法不是其政府的决议，而是建立其政府的人民的决议。宪法包括政府据以建立的原则，政府的组织方式，政府的权力，选举的方式，议会的任期，行政部的权力等。

③ ［英］戴维·米勒、韦农·波格丹诺：《布莱克韦尔政治学百科全书》，邓正来译，中国政法大学出版社 2002 年版，第 312 页。

④ 何勤华：《西方法律思想史》，复旦大学出版社 2005 年版，第 58—59 页。

策、建立和维护从中央到地方的统治系统，提供社会公共产品，提高公众生活水平。[①] 对外，国家依据国际法，不能以主权为由拒绝遵守和承担必要的国际义务，在破坏与其他国家（以及由国家组成的国际社会）建立的正常关系中承担责任。相应地，政府的对外责任，除了保卫国家领土完整，捍卫国家基本权利，保证国内秩序稳定外，在国际关系层面，政府代表国家善意履行国际义务，承担国际责任，尽可能避免国内制度的缺陷外溢到国际领域，从而导致冲突和危机。

三　“国家”与“政府”的区别

“国家”与“政府”是截然不同的两个概念，两者来源和范围不同。在一国内部，政府是组成国家的一部分，一为主权的拥有者，一为主权的行使者；一为被代理人，一为代理人，政府在国家授权范围内，以国家的名义行使代理权。区分“国家”与“政府”，有利于明确政府的职权范围和主要任务，加强政府责任感和使命感。国家不是政府的国家，而是人民的国家；唯有超越于政府之上的国家，才具有代表社会整体利益的适格性；但政府必须是国家的政府，当政府背叛国家时，国家可另外挑选代理人。[②]

（一）合意性社会契约与委托性政府契约[③]

从社会契约论的角度，国家和政府的来源是两个层次或两种类型的契约：人民之间的关于组建公民社会，而进行的合意性社会契

① 孙关宏：《政治学概论》，复旦大学出版社 2003 年版，第 197—205 页。

② 冯果、万江：《社会整体利益的代表与形成机制探究》，《当代法学》2004 年第 5 期。

③ 参见徐大同《西方政治思想史》，天津教育出版社 2005 年版，第 178—211 页。

约；与合意性缔约完成之后，形成的人民对国家的委托性政府契约。①

普芬道夫认为，自然状态下的人们彼此之间订立契约，建立的政治社会是国家。关于政府的契约，政府的契约包括两个程序：其一是由立约者选择政府的形式；其二是确定统治与服从的关系。这是由被授政府权力的人与社会中其余的人之间的契约，前者保证促进社会公共福利，后者承诺忠诚和服从。

故合意性社会契约（即公民契约）是假定原本生活在前政治社会的个人，一起同意形成一个有组织的社会，通过契约把个人带进文明社会——社会共同体或有组织社会，成为国家的起源或基础；委托性政府契约（即政治契约）——人民在通过合意性社会契约进入政治意义上的国家后，与统治者之间订立的一种契约，旨在确定两者的关系和统治条款，人民允诺服从统治者，而统治者答应给人民好的政府和保障。委托性统治契约揭示的是政府意义上的国家机构的建立。②

（二）主权拥有者与主权行使者

政府是国家构成要素之一，而非国家全部；政府权力来源于国家主权，但并不等同于国家主权。

自卢梭后，国家与政府这两个概念从主权的拥有和行使方面做了严格区分。国家与政府是性质不同的两个政治共同体，在性质上和职权上有本质区别：国家是主权的拥有者，政府是主权的行使者，其权力来自人民的委托，作为国家机关的政府仅仅是国家主权的管理者和行使者。国家主权的终极来源是公民权，公民“出让”的权力只能由国家来代表；政府的责任在于把抽象化的国家主权具

① 洛克指出，人们为了克服自然状态缺欠，更好地保护自己的人身和财产安全，便相互订立契约，自愿放弃自己惩罚他人的权利，把它们交给他们中间被指定的人，按照社会全体成员或他们授权的代表所一致同意的规定来行使。“这就是立法和行政权力的原始权利和这两者之所以产生的缘由，政府和社会本身的起源也在于此。”

② 赵迅：《社会契约视域下的国家责任》，《河北法学》2008 年第 3 期。

体化、操作化。[①][②]

（三）存续时间和更迭频率

国家可以在时间和空间上被不同的政府沿袭和继承，公民对于国家的合法性认同性高于对政府的认同。

洛克认为政府的权力必须受人民委托条件的限制——不得侵害人民的生命、自由和财产。如果政府享有绝对的不受限制的权力，成为专制政府，必然会危害人民的自由、生命、财产。当政府违背人民建立它的目的时，政府便解体了。如果政府侵害了人民的人身、自由、财产权利，政府就不存在了。[③]“几乎每个国家在其生存的历史中都产生过这种或那种形式的、好的或坏的政府，一个又一个政府垮台或彼此更迭，而国家却依然生存了下来。”[④] 所以，执政政府的更替或倒台，并不意味着国家的灭亡。从人类发展史来看，在一国之内，国家存续时间长于政府存续时间，政府总是会随着历史的发展而发生更

---

① 徐大同：《西方政治思想史》，天津教育出版社2005年版，第250—251页。

② 在卢梭看来，主权者与政府之间是有政治权利的确定界限的，这一区别就在于主权者具有立法权并在某些情况下甚至可以强迫国家共同体，而政府则只有执行权并只能强迫个人；它在本质上就存在于共同体的全体成员之中，因而是公共力量的化身。因为公共力量“必须有一个适当的代理人来把它结合在一起，并使它按照公意的指示而活动；他可以充当国家与主权者之间的联系，他对公共人格起的作用很有点像是灵魂与肉体的结合对一个人所起的作用那样。这就是国家中之所以要有政府的理由；政府和主权者往往被人混淆，其实政府只不过是主权者的执行人”。国家是整体，是“公意”的代表，是主权者；而政府是局部，是根据主权者的意志、以行使国家行政权力为主要职能的政治主体，它执行主权者的意志，处于从属地位，即使是最高行政机关和最高行政首领，他们也不是主权者，他们只是受人民委托的国家公共权力的执行者，是行使主权者“委托”给他们权力的公仆。

③ 洛克提出，在出现上述情况时，人民有权运用革命的手段建立新政府，因为政府的权力是人民委托的，它的权力应受委托的目的的限制。当政府忽略或破坏这一目的时，委托自然取消，人民有权收回他们的权力，把它重新授予他们认为最能够保障他们安全的人。因此，他提出：“社会始终保留着一种最高权力，以保卫自己不受任何团体、即使是他们的立法者的攻击和谋算。”对于政府侵犯和违背人民利益的行为，洛克很明确地提出“用强力对付强力”的原则，“在一切情况和条件下，对于滥用职权的强力的真正纠正办法，就是用强力对付强力”。

④ 谢庆奎：《当代中国政府》，辽宁人民出版社1991年版，第5页。

迭，但政府的更迭并不一定动摇国家主权。

第二节　初论：政府国际犯罪与国家犯罪的交叉关系

“国家”与“政府”两个概念的差异性不仅在理论上，而且还由于下述事实：政府的意志、价值和利益虽然一般来说与国家是一致的，但绝不意味着两者不会发生差异、背离和对立。

在对两者关系研究的初期，基于对“国家”与“政府”联系与区别的研究，以及国家国际责任体系中“可归因于国家的行为”的理解，认为政府国际犯罪既可归于国家犯罪，又能超越国家犯罪而独立存在，两者为交叉关系（见图4—1）。

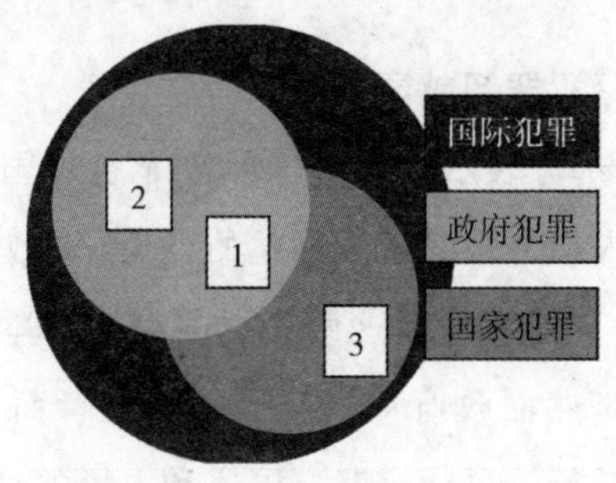

图4—1　“政府国际犯罪”与“国家犯罪”的交叉关系

一　政府国际犯罪与国家犯罪重合

图4—1第1部分表示政府国际犯罪与国家犯罪之间的重合。

在国际法层面，政府具有管理与行使国家主权的权力，因此可以以一国国家代理人的身份行事。人民主权原则和代议制原则是现代政府构成的主要原理，政府是国家公权力的实际承担者。2001年《国家责任草案》第二章“可归因于国家的行为”，第4—7条“国家机关的行为”“行使政府权力要素的个人或实体的行为”“由另一国交由一国支配的机关的行为”和

“国家机关或经授权行使政府权力要素的个人或实体，逾越权限或违背指示的行为”都含“政府”要素，即将四类政府行为直接归于国家行为。[①]

政府掌握的权力和支配的社会资源远远大于任何个人与一般团体。国际社会的实践反复证明，规模巨大和危害严重的国际犯罪如果缺乏政府的“因素”根本不可能达到系统性与广泛性的程度。依据代理人的行为和行为后果均归于被代理人的一般法律原则，如果政府以国家代理人的身份，为实现国家意志，在广大区域内实施有组织、有系统的犯罪行为——严重违背对于保护国际社会的根本利益至关紧要的国际义务，造成严重后果，被整个国际社会公认为犯罪，此种政府的犯罪行为就可归于国家，所以政府国际犯罪是国家犯罪一部分的观念被广泛接受。

二　政府国际犯罪超越国家犯罪

图4—1第2部分表示：政府国际犯罪超越国家犯罪。代理人越权代理、代理人损害被代理人利益的行为和行为后果不能产生代理的效果。“……国家和政府这两者之间存在着本质的区别，即国家因自身而存在，然而政府却只能通过主权者而存在。”[②] 政府权力膨胀的特性，其行为可能会背离国家和人民的意志。政府国际犯罪此时超越了国家犯罪，变成对国家和国际社会的犯罪。“……政府虽不会直接背离人们建立政府时的目标，但是它却可能根据它自

---

① 第4条“国家机关的行为”是指：根据国际法，所有国家机关不论在该国行使立法、行政、司法或者任何其他职能，不论在国家组织中有何种地位，也不论作为该国中央政府机关或领土单位机关而具有何种特性，行为都将被视为国家行为。第5条至第7条“行使政府权力要素的个人或实体的行为”“由另一国交由一国支配的机关的行为”和“国家机关或经授权行使政府权力要素的个人或实体，逾越权限或违背指示的行为”都含有政府的因素，即将政府行为归于国家行为。

② ［法］卢梭：《社会契约论》，徐强译，九州出版社2007年版，第147页。

身的构建方式而某种程度上偏离这个目标。”①

政府背离国家意志的两种表现：

其一，在一国国内，根据社会契约原则和宪政原则，以宪法为代表的一国法律是国家对内主权的体现，若一国政府对已生效的法律（包括已加入的国际条约和国际习惯法）有所僭越，超出宪法和法律的授权范围，就是政府越权的表现。

其二，在国际层面，国家应当遵守普遍的国际法原则。政府作为国家的代理人，应明知受到普遍尊重的国际法规则是其权力的界限。② 而政府行为违反上述规则，破坏正常的国际秩序，也是政府越权的表现。即使这种行为发生在一国国内，例如在国内以明确或含蓄的政府政策为基础，广泛实施系统的种族隔离、灭绝种族、大屠杀、酷刑等行为，严重伤害本国和人民的利益（也有违政府存在的伦理基础），此时政府国际犯罪超越国家犯罪，变成对国家和国际社会的犯罪。

“如果国家被视为一个法人，具有社团结构且有代理机构或代理人代其行事，众多的人口就如股东对决策者的行为感兴趣并受其影响，从而证明法人刑事责任理论，也适用于国家，以证明国家刑事处罚的合法性。”③ 这种观点在实践中有缺陷。大型上市股份公司的决策制定和市场运营，掌握在以董事会为代表的大股东的手中，绝大多数的中小股民在让渡管理权之后，“用脚投票”，他们

---

① ［法］卢梭：《社会契约论》，徐强译，九州出版社 2007 年版，第 149 页。卢梭认为政府只是臣民与主权者之间所建立的一个中间体，负责执行法律，并维持社会的以及政治的自由。政府只是主权者的执行人，权力来自人民的委托。政府的统治意志只能是公意或法律，换言之，如果它想使自己具有一种比公意更为活跃的个别意志就意味着政治体的解体。政府实质上不过是人民主权的辅助机构，在政府之上是不可侵犯的人民主权。卢梭最担心政府官员的私人意志和政府自身的团体意志总是倾向于超过他们应遵循的公意，这样政府就继续不停地努力反对主权。政府蜕化的途径，使权力逐渐集中在越来越少数的官员手中，或者是政府成了人民头上的暴君。

② 叙利亚内战中化学武器疑云也成为这一论述的有力注脚。叙利亚政府和反对派相互指责对方使用含有沙林毒气的火箭弹袭击首都大马士革市郊，致数百乃至上千人死亡。

③ Nina H. B. Jorgensen, *The Responsibility of States for International Crimes*, Oxford: Oxford University Press, 2000, p. 79.

的意志不论是个人的还是集体的，都对公司经营活动没有太大的影响。如果国家被视为股份公司，所有国家公民是全体股民，国内政治民主环境恶劣而无法行使权利的话，公民出让管理国家的权力于政府后，对决策的过程有多少影响力，又对决策本身了解多少？与全体国民相比，政府的统治体系毕竟是少数。

萨达姆在1986年至1988年发起一场代号为“安法尔”的行动，这场行动导致数十万的库尔德人流离失所，十几万库德人丧生。发生在伊拉克的屠戮，只是为数众多的实例之一。如果将其视为伊拉克国家犯罪，是否意味着作为受害者同时又是伊拉克公民的库尔德人，也需承担道义和法律上的责任？所以“君主的力量也只能是集中在他手中的公共力量。一旦他试图运用他的权威进行绝对的、独立的行为……君主有了一个比主权者的意志更为活跃的个别意志，如果君主为了使人民服从他的个别意志而使用了他手中的公共权力，这样，可以说有两个主权者，一个是法律上的，另一个是事实上的……”①

上市公司权力机构运营失误，导致股民的经济损失只是民商事法律问题；那么上市公司触犯刑律，如何看待上市公司、上市公司的权力机构和大多数不知情的中小股民的责任问题呢？是将中小股民视为犯罪团伙的一员，以同谋犯、参与犯论之？同理，政府运用国家权力，通过压迫和欺骗，使民众行使权利受阻；在此情况下，如果将所有的政府国际犯罪完全归咎于国家，政府在“国家行为”的屏障下得到豁免，国家和该国公民可能沦为犯罪政府所利用的工具、庇护伞和侵害对象；权力的主人不能控制权力的仆人，反受其害时，主人还需承担不利的后果。国际社会对这些国家的惩处，不论是主权限制还是经济制裁，似乎未达到惩处决策者和“主犯”的目的，往往损及普通民众利益，这样便毫无正义可言。

作为国家重要的构成部分，政府在国家不法行为和国际犯罪中

---

① 参见［法］卢梭《社会契约论》，徐强译，九州出版社2007年版，第149页。卢梭为了统一自由与服从，提出了公共意志理论，成为卢梭国家学说理论基础之一。国家全体成员的经常意志就是公意。公意的基本特点，仍然是它的整体性。公意完全不同于众意、私意和团体意志。于公意是从人民的共同利益出发，众意不过是个人利益的总和。私意和团体意志也是从个人的私利出发，彼此之间又有区别，比如政府成员的团体意志就可能违背公意。

扮演着重要的角色。政府与国家之间是代理与被代理的关系，国家通过其代理人来实现功能，所以政府行为包括犯罪行为，被视为国家行为。但在一般代理理论中，代理人歪曲被代理人意志的行为，或越权行为产生的法律后果，不由被代理人承担。因此，政府国际犯罪不能完全等同于国家犯罪。根据“政府国际犯罪”与“国家犯罪”的关系，政府国际犯罪行为首先应考虑归因于自身，其次再考虑是否可归因于国家。如果政府国际犯罪超越国家犯罪，应追究政府“单独的”刑事责任，不是所有的政府行为都能躲在“国家行为”的屏障后得到豁免。

第三节　再论：政府国际犯罪与国家犯罪的包含关系

上述有关政府国际犯罪与国家犯罪关系的讨论，只能实现“政府国际犯罪”部分脱离“国家犯罪”。图 4—1 第 3 部分表示可归因于国家犯罪而不属于政府国际犯罪的情况。根据 2001 年《国家责任草案》第二章“可归因于国家的行为”的第 8—11 条（“受到国家指挥或控制的行为”“正式当局不存在或缺席时实施的行为”“叛乱运动或其他运动的行为”和“经一国确认并当作其本身行为的行为”），[①] 如果这些行为性质和后果的严重性达到国际犯罪尤其是强行法犯罪的程度，又超出该国政府控制的范围，似乎应视

① 第 8 条，受到国家指挥或控制的行为：如果一人或一群人实际上是在按照国家的指示或在其指挥或控制下行事，其行为应视为国际法所指的一国的行为。第 9 条，正式当局不存在或缺席时实施的行为：如果一人或一群人在正式当局不存在或缺席和在需要行使上述权力要素的情况下实际上正在行使政府权力要素，其行为应视为国际法所指的一国的行为。第 10 条，叛乱运动或其他运动的行为：1. 成为一国新政府的叛乱运动的行为应视为国际法所指的该国的行为。2. 在一个先已存在的国家的一部分领土或其管理下的某一领土内组成一个新的国家的叛乱运动或其他运动的行为，依国际法应视为该新国家的行为。3. 本条不妨碍把不论以何种方式涉及有关运动的、按照第 4 条至第 9 条的规定应视为该国行为的任何行为归于该国。第 11 条，经一国确认并当作其本身行为的行为：按照前述各条款不归于一国的行为，在并且只在该国承认和当作其本身行为的行为的情况下，依国际法应视为该国的行为。

为国家犯罪，而非政府国际犯罪。

但随着进一步的理论论证和对所谓“国家犯罪”实例的分析，“政府国际犯罪”与“国家犯罪”的交叉关系的结论经不起严格的推敲，因而笔者修正上述观点，提出两者关系的新论点：在国际法框架内，“政府国际犯罪”包含“国家犯罪”（见图4—2）[①]：

图4—2　“政府国际犯罪”包含“国家犯罪”关系

一　两者包含关系的理论论证

（一）国家犯罪有更严格的判断标准

在国际犯罪[②]中，一类是可由个人实施的国际犯罪，如劫持航空器罪、国际贩运毒品罪、伪造和变造货币罪等。另一类只能是

---

① 这种观点可能是大胆和鲁莽的，提出该观点，是作为参与某些疑难问题思考的结果，是一次热切的尝试。限于篇幅和论题的性质，论证很难面面俱到，尽可能将要点粗略罗列。从逻辑学的角度看，“政府国际犯罪”和“国家犯罪”是对事物的逻辑抽象。真包含关系是指“政府国际犯罪”概念的外延大于并包含了概念“国家犯罪”的全部外延，“政府国际犯罪”和“国家犯罪”外延间关系就是真包含关系，亦是属种关系。

② 巴西奥尼教授列举了28种国际犯罪：侵略罪、灭绝种族罪、危害人类罪、战争罪、非法持有使用或者放置武器罪、盗窃核材料罪、充当外国雇佣军罪、种族歧视和种族隔离罪、奴役及与奴役相关的犯罪、酷刑罪、非法人体试验罪、海盗罪、劫持航空器罪、危害海上航行安全和公海海上平台安全罪、危害受国际保护人员罪、危害联合国及其人员罪、劫持人质罪、非法使用邮政罪、使用爆炸物罪、资助恐怖主义罪、国际贩运毒品罪、有组织犯罪、损毁和偷盗民族文化财产罪、危害国际环境安全罪、国际贩运淫秽物品罪、伪造和变造货币罪、非法干扰和破坏海底电缆罪、贿赂外国官员罪。［美］谢里夫·巴西奥尼：《国际刑法导论》，赵秉志、王文华译，法律出版社2006年版，第95—225页。

“国家行为”的产物，或者是按照国家支持的政策行事的产物（包括由于国家故意不作为从而缺乏国家强制执行的结果），如侵略罪、灭绝种族罪、危害人类罪、种族歧视和种族隔离罪等。国际法更关注涉及“国家政策和行为”的犯罪。简单地以“国家犯下的国际罪行”定义国家犯罪，显然不能实现在特定案件中，判定是否存在国家犯罪的情势，并作为辨别与其他国际犯罪区分的标准。

较之普通的国际犯罪，国家犯罪有更高的判断标准（参见本书第二章第四节国家犯罪的定义）。只有那些因其损害规模、受害者数目和行为的野蛮程度，或者一个类似的罪行发生在不同的时间和地点，危害国际社会，震撼人类良知，才需要由其他国家对发生在该国领土内或该国公民是受害者的罪行予以干预。①

巴西奥尼教授认为，国家犯罪较其他的国际犯罪，可能有更大的危害性，影响人类和平与安全，悖反人类基本价值观。有学者提出依据国家行为性质、行为意图、行为后果，或三者结合进行判断，该国家行为是否构成国家犯罪。②

根据1996年一读通过的《国家责任草案》第19条第2款国家犯罪的定义，判断是否构成国家国际犯罪需要考虑：（1）国家违反国际义务；（2）该项国际义务对保护国际社会根本利益至关重要；（3）由作为整体的国际社会来判断；（4）除了行为的性质之外，对相关义务违反还需达到一定严重的程度。第19条第3款进一步解释何谓“保护国际社会根本利益有重大影响的国际义务”，包括：“维护和平和安全的国际义务，例如禁止侵略行为”“维护民族自决的权利，如禁止暴力建立或维持殖民统治”“广泛保护人权，禁止奴隶制度，种族灭绝和种族隔离”和“保护人类生存环境，禁止大气和海洋污染”。第19条第3款（c）项和（d）项有

① Nina H. B. Jorgensen, *The Responsibility of States for International Crimes*, Oxford: Oxford University Press, 2000, pp. 108 – 109.

② Ibid., p. 161.

关种族灭绝、奴隶制、种族隔离和污染的“国家犯罪”行为还需达到大规模和普遍性的（widespread scale，massive pollution）要求。

（二）国家犯罪不能缺乏“政府”的因素

国家犯罪除了较普通的国际犯罪有更高的判断标准之外，还必有“国家行为”和“国家支持的政策”这一特征（集体决策，以及由个人形成政策、执行政策，并在法律机关的掩盖下实施的构成国际犯罪的行为），所以不能缺乏“政府”的因素。

“政府”是行使国家公权力的机构的总和。根据社会契约论，国家来源于人民之间关于组建公民社会的合意性社会契约，政府来源于人民完成合意性契约拥有政治意义上的国家之后，与统治者之间订立委托性契约。对内，公民按照“合意性契约”的要求赋予国家一定的公共权力，政府依据“委托性契约”代表国家以公共人格获得国内的最高统治权，垄断对武力的合法行使。对外，政府代表国家依据国际法与其他国家（以及国家所组成的国际社会）建立关系，善意履行国际义务。政府是国家的象征，代表国家行使主权。

因此，在一国内部，要达到国家犯罪系统性、广泛性和严重性的程度，唯有政府控制的力量可以实现，或是“政府行为”的产物，或是按照“政府明确或含蓄赞成的政策”行事的产物。个人或非政府组织的种族歧视行为，显然不能与建立的种族隔离政权的严重性同日而语；认定某国政府犯下酷刑罪，绝不仅仅因为某一或某些政府官员违反《禁止酷刑公约》残酷折磨其所控制的犯罪嫌疑人。①

另外，政府负有为全体公民提供基本生存与安全的条件的义务，尤其是预防和打击在其管辖之下的犯罪行为（包括国际

① Nina H. B. Jorgensen，*The Responsibility of States for International Crimes*，Oxford：Oxford University Press，2000，pp. 108 - 109.

犯罪）；如对管辖之下的严重国际犯罪听之任之，不是同谋，至少有“渎职”之嫌。德国纳粹政府屠杀犹太人，南非政府实行种族隔离政策，伊拉克入侵科威特、原南斯拉夫大规模种族流血事件、阿富汗塔利班政府纵容恐怖主义组织都是非常典型的实例。

（三）政府是比国家更宽泛的存在

从更广泛的角度理解，政府是国家存在的要素，但国家不是政府存在的要素。自从人类进入群体的社会生活以后，社会生活中就产生了“政府”这种旨在管理公共事务的专门机关，而国家这种政治组织出现得较晚。

第一，尽管世界主要以国家为基本的终端单位，但“国家”这种政治形式并未覆盖全球，还存在30多个“地区”实体。[①] 这些地区虽然缺乏组成国家的要素，但仍然存在各种各样形式的“政府”，即按照区域划分原则组织起来，维护和实现特定的公共利益，以暴力为后盾的统治和社会管理组织。

第二，尽管国家生存相对较长，政府更迭相对频繁，而国家分离、分裂、合并之前实施的国际犯罪行为，如何确认犯罪主体，如何承担刑事责任，是需要进一步研究的问题。“政府国际犯罪”的概念可能有助于缓解这种困境。

第三，在一国国内还可能存在着类政府的政治实体，如叛乱团体和革命运动组织，其占领领土、控制民众，具有与国家相似的组

---

① 从国际法的角度，国家地位的法律标准是不明确的，通常这方面的法律都被政治情况所左右。通说认为：国家与地区的根本区别，在于是否拥有主权。地区指未获得独立的殖民地和属地、托管地等，没有主权或主权有争议，不被国际社会承认为独立的国家，但自主程度很高的地理区划。例如，克什米尔、锡金、亚速尔群岛、马德拉群岛、格陵兰岛、库克群岛（新）、纽埃（新）、托克劳（新）、美属萨摩亚、美属维尔京群岛、安圭拉（英）、蒙特塞拉特（英）、开曼群岛（英）、百慕大(英）等。

织结构。[①] 当叛乱运动或革命运动仅取得国家的一部分领土但未取得政权之前，该叛乱团体或革命运动组织作为国际犯罪的实施者，不应称为国家犯罪；即使叛乱团体或革命运动组织已掌握政权，其组成政权前的代表整个团体实施的国际犯罪也不应视为国家犯罪，上述两种情势均为团体（或组织）犯罪，亦可视为一定意义上的"政府国际犯罪"。

二　两者包含关系的实例说明

"国家犯罪和国家刑事责任"尽管曾是学者们热议的话题，通常除了二战期间轴心国的罪行外，可能由于判断国家犯罪有非常高的标准，用以论证追究国家刑事责任必要性的有力实例寥寥无几。[②]

日本实施的"慰安所"制度、南非的种族隔离制度、印度尼西亚对本国共产党员屠杀，本国人民是最大的受害者；而印尼政府在东帝汶的暴力事件和美英当局的虐囚，即使有所谓的"国家利益"为前提，仍然遭到本国人民的强烈反对。将这些政府国际犯罪归为国家犯罪，犯罪者躲在"国家行为"的屏障下得到豁免，"将个人和政府机构实施的，对他人奴役和歧视的法律责任推给整个国家，显然是不公平的"[③]。下列"国家犯罪"的实例，不如以

---

① 有学者将叛乱运动或革命运动组织称为非国家行为者。叛乱团体和革命运动组织在其所控地区与国家非常相似，但缺乏国家主权，尤其是受国际社会承认代表整个国家的权利。例如，尼泊尔的反政府游击队、斯里兰卡猛虎组织、卢旺达境内的胡图族反政府武装、阿富汗塔利班武装组织、刚果反政府游击队、俄罗斯车臣地区的反政府武装、南斯拉夫的科索沃民族解放军、西班牙的"埃塔"组织、安哥拉的"安盟"、哥伦比亚的反政府武装等。参见贾宇《国际刑法学》，中国政法大学出版社 2004 年版，第 117 页。

② 笔者选取有广泛影响性、代表性的具体实例为据，基本按时间顺序排列，努力达到"管中窥豹，可见一斑"，受个人能力、资料收集和篇幅所限，不能实现面面俱到。

③ Kim Forde - Mazrui, "Taking Conservatives Seriously: A Moral Justification for Affirmative Action and Reparations", *California Law Review*, Vol. 92, No. 3, May 2004.

“政府国际犯罪”代之更显公允。

（一）日本军国主义政府推行的“慰安所”制度

“慰安妇”制度是二战期间日本政府大规模、有计划地以各种方式诱骗或者强征亚洲妇女包括本国妇女充当日军性奴隶的制度。① 1938年一份由陆军部军事管理局起草的题为“关于招募妇女为军队慰安所工作事项”的文件证实，日本政府不仅参与招募慰安妇，而且清楚在招募过程中常常使用不法手段；随着众多文献的揭秘，日本军国主义政府为推行战争，侵略别国，系统参与慰安所建立和运营的真相大白于天下。② 而日本政府在招募和运送妇女至工作慰安所的防范措施表明，对其负有的国际法义务非常清楚。③ 日本政府对设立、管理、鼓励慰安制度，及从事有组织的企图隐藏慰安制度所造成的危害，负有不可推卸的责任。

（二）南非的种族隔离制度

南非（1948—1994年）是当代把种族隔离制度化、法律化的唯一国家。种族隔离（Apartheid）是系统化、制度化地建立和维持一个种族团体对任何其他种族团体的主宰地位，并且有计划地做出严重侵犯人的自由尊严以及民族之间平等权利的不人道行为，是极端民族歧视和压迫的表现形式，凡是犯种族隔离罪行的组织、机

---

① Women's International War Crimes Tribunal 2000 for the Trial of Japan's Military Sexual Slavery，2010 - 10 - 6（http：//home. att. ne. jp/star/tribunal/jedgement - e-. html）；Number of Comfort Stations and Comfort Women，2011 - 1 - 12（http：//www. awf. or. jp/e1/facts—07. html）.

② Yoshimi Yoshiaki，*Comfort Women：Sexual Slavery in the Japanese Military During World War II*，Suzanne O'Brien trans.，New York：Columbia University Press，2000，pp. 58 - 59.

③ Sue R. Lee，“Comforting the Comfort Women：Who Can Make Japan Pay？” *University of Pennsylvania Journal of International Economic Law*，Vol. 24，No. 2，Summer 2003.

构或个人即犯危害人类罪。[①]

南非颁布大量种族主义法律，使隔离制（保留地和班图斯坦制度、特定住区制度、通行证制度以及职业保留即工业肤色壁垒制度）在南非社会的各个领域都得到确立。种族隔离法律的普遍实施，导致占人口80%左右的黑人所有的土地被剥夺，居住城市的权利受到限制，劳动力被控制，丧失迁移、旅行、居住、求职、辞职等一切行动自由。黑人被迫移居到分散于南非共和国边陲地带（仅占该国总面积13%）的10个“黑人家园”（班图斯坦）中，并失去南非共和国的公民身份。

种族隔离制度在南非得以长期维持的原因之一是白人统治集团掌握强大的国家机器。1968年时任南非总理的沃斯特公开表示：“问题的中心，是我们需要他们，因为他们是给我们干活的……但是，为了使他们给我们干活，就永远不应当给予他们索取政治权利的合法资格。”[②] 当时很多政府要员宣称：“各个种族的人们之间存在着原则性的差别”，“南非是白人的国土，白人在这块土地上一定要永远做主人”。南非政府认为，一体化将使白人民族“不得不改变他们的习惯、放弃他们的文化和既得政治利益，来适应一个仅仅占据数量优势的集团的文化、生活方式和政治需要”，“一旦我们给予他们政治权利，我们为多数人统治的时候就要到来”，会丧失政治和经济特权，因此“我们就不能给予他们政治权利”[③]。

（三）政府主导的酷刑行为

依照1987年联合国《禁止酷刑和其他残忍、不人道或有辱人

---

① 参见《1973年禁止并惩治种族隔离罪行国际公约》序言、第1条至第4条，2011年5月20日（http://www.npc.gov.cn/wxzl/gongbao/1983—03/05/content_1480978.htm）；《国际刑事法院罗马规约》第7条，2011年5月20日（http://www.un.org/chinese/work/law/Roma1997.htm）。

② 宁骚：《民族与国家》，北京大学出版社1995年版，第439页。

③ 李保平：《南非种族隔离制的理论体系》，《西亚非洲》1994年第3期。

格的待遇或处罚公约》（CAT）第1条规定，[①] 判断所涉行为性质是否为酷刑的步骤从直接遭受酷刑者的身份，变为是否有政府或政府官员实施。奈杰尔·罗德利（Nigel Rodley）提出国际社会界定酷刑的三个核心法律意义的标准：疼痛或痛苦的强度、目的性以及实施酷刑者的公权力地位。[②] 所以界定酷刑罪最重要的是，所涉行为性质判断要求以是否有政府或政府官员实施为要——酷刑不一定是“国家行为”，但必须具有在政府权力下进行的色彩，方能满足酷刑的法律定义。

即使酷刑作为打击某些犯罪行为的工具，然而受到政府普遍支持并不一定意味着该国所有公民肯定支持国家的准犯罪活动。美国自2003年3月发动入侵伊拉克的战争以来，造成至少10.9万人丧生，其中包括66081名平民，超过了死亡总数的60%，造成伊拉克平民死亡的主要原因是美军过分使用武器，草菅人命。除了无辜者被枪杀，有关英美对伊拉克平民犯有侵犯人权的丑闻不绝于耳，尤以酷刑和虐囚最为骇人听闻。[③]

---

① “酷刑是指为了向某人或第三者取得情报或供状，……蓄意使某人在肉体或精神上遭受剧烈疼痛或痛苦的任何行为，而这种疼痛或痛苦是由公职人员或以官方身份行使职权的其他人所造成或在其唆使、同意或默许下造成的。纯因法律制裁而引起或法律制裁所固有或附带的疼痛或痛苦不包括在内。”

② Aditi Bagchi，“Intention，Torture，and the Concept of State Crime”，*Penn State Law Review*，Vol. 114，Summer 2009.

③ 2010年5月，联合国反恐中保护人权问题特别报告员、酷刑报告员、任意拘留问题工作组等向联合国人权理事会提交的联合研究报告称，美国在关塔那摩湾和世界多地建立拘留中心，秘密关押拘留者。美国中央情报局设立了秘密拘留设施，用来审讯所谓“高价值拘留者”。美国司法部首席助理部长帮办布拉德伯里称，中央情报局关押了94人，在对其中28人进行审讯时，采用了强制体位、极度气温变化、剥夺睡眠以及“水刑”等“强化手段”。而民调显示，至少有超过一半的美国民众反对以此方式反恐。中华人民共和国国务院新闻办公室：《2010年美国的人权纪录》，人民出版社2011年版。

（四）政府主导的种族灭绝[①]

1975年印尼入侵东帝汶，宣称东帝汶为印度尼西亚的一省，以武力镇压反抗的东帝汶人及主张分离的独立运动。联合国于2006年拟定了一份报告，谴责印尼军队在1975年至1999年期间，犯下的种种“触目惊心”的暴行，致使80万人口中有50万居民在印尼武装力量的进攻下流离失所，超过18万被杀害。[②] 有学者称，印尼在东帝汶的行为符合大多数灭绝种族罪和危害人类罪的定义。自1999年，联合国在东帝汶建立混合法庭，以灭绝种族罪、战争罪、危害人类罪和酷刑罪等起诉印尼军队、警察局和政治领导人。同时在印尼国内的审判中，判决书陈述了印尼政府官员没有有效预防和阻止1999年作为内乱的东帝汶暴力事件，导致系统的大规模的恐怖战乱。印尼人权委员会则明确表示，印尼政府的权力机构导演了1999年东帝汶暴力事件。[③]

1995年3月塞族共和国总统拉多万·卡拉季奇（Radovan Karadžić）向塞族军队发出指示，将联合国安全理事会划定的“安全区域”——斯雷布雷尼察变成当地居民不能生存的地方。1995年7月，由拉特科·姆拉季奇（Ratko Mladić）带领的塞族共和国军队偷袭该地。被俘荷兰军人目睹不分老幼的穆斯林男性被塞族军

---

① 灭绝种族罪是指“蓄意全部或局部消灭某一民族、族裔、种族或宗教团体”，1948年《防止及惩治灭绝种族罪公约》第2条，正式将灭绝种族罪行（crime of genocide）确认为一种独立的国际罪行，并成为习惯国际法的组成部分。1951年国际法院在《灭绝种族公约》例外问题的咨询意见中指出：“公约蕴藏的原则是被文明民族所认可的作为约束国家行为的准则，无视任何分歧的意见。”1993年《前南斯拉夫国际法庭规约》第4条、1994《卢旺达国际法庭规约》第2条、1996年《危害和平与人类安全罪行法典草案》第17条和2002年《国际刑事法院罗马规约》第6条将灭绝种族罪作为管辖的罪行之一。被称为“种族灭绝”的事件很多，笔者选择发生在1948年12月联合国大会通过《防止及惩治灭绝种族罪公约》之后并得到较为一致的公认或有司法判决的部分事件为例。

② 《联合国报告谴责印尼曾欲灭绝东帝汶人暴行惊人》，2011年5月20日，人民网（http://world.people.com.cn/GB/1029/42408/4043749.html）。

③ ［美］谢里夫·巴西奥尼：《国际刑法导论》，赵秉志、王文华译，法律出版社2006年版，第476—482页。

队押走后惨遭屠杀，造成大约 8000 名当地穆斯林男子死亡。[①] 2004 年 4 月，海牙前南斯拉夫国际刑事法庭将此次事件定性为种族灭绝，2007 年 2 月国际法庭也确认此事件为种族灭绝。[②]

本章小结

在国际刑事法框架内论证“政府国际犯罪包含国家犯罪”的命题，必须证明政府国际犯罪的外延大于并包含了国家犯罪的外延。

首先，在特定时期内，国家整体权力只能由一个政治组织——某政府来代表，推行特定的政治理念，政府是国家权力的承载体和实际行为体。国际社会的实践反复证明，规模巨大和危害严重的国家犯罪如果缺乏政府的支持或放任，根本不可能达到系统性与广泛性的程度；国家的不法行为如果缺乏“政府”因素，无法达到国家犯罪的判断标准。

其次，作为代理人的政府可能会背离被代理人国家的意志和利益，因此“国家犯罪”无法解释一国内部大规模残酷暴行，施害者与受害者统一在“国家”的名义下，国家和该国公民可能成为犯罪政府利用的工具、庇护伞和侵害对象的情势。而国家却因各种原因无法迅速地更换政府，所以政府国际犯罪可能超越国家犯罪而独立存在。

---

① See ICTY, *Prosecutor vs Krstic*, *Appeals Chamber Judgement*, United Nations, 19 April 2004.

② 被称为“种族灭绝”事件很多，笔者选择发生在 1948 年 12 月联合国大会通过《防止及惩治灭绝种族罪公约》之后并得到较为一致的公认或有司法判决的部分事件为例。参见南斯拉夫问题国际刑事法庭《检察官诉科尔斯迪奇案（案号：IT—98—33—A）》2004 年 4 月 19 日。国际法院《刚果境内的武装活动（刚果民主共和国诉乌干达案），管辖权和可受理性》，2006 年国际法院报告第 6 页。国际法院《〈防止及惩治灭绝种族罪公约〉的适用（波斯尼亚和黑塞哥维那诉塞尔维亚和黑山）》，2007 年 2 月 27 日判决书。威廉·A. 沙巴斯：《防止及惩治灭绝种族罪公约》，2012 年 1 月 19 日（http：//untreaty. un. org/cod/avl/pdf/ha/cppcg/cppcg_ c. pdf）。

最后，尽管世界主要以国家为基本的终端单位，但还存在其他有国际法主体地位的政治组织，在这些政治组织中有“政府”存在，加之一国国内存在叛乱团体和革命运动组织的情况，可见“政府”是比“国家”更宽泛的存在。所以政府国际犯罪与国家犯罪为包含而非交叉关系（见图4—2）。

如果法人（团体或组织）犯罪理论，可以类推或移植到国家犯罪问题的研究，将国家当作“法律上虚拟的人”，从而证明国家犯罪与国家刑事处罚的合法性，那么法人（团体或组织）的犯罪理论同样可以类推或移植到政府国际犯罪问题的研究。

若政府不为国家实行国际犯罪行为，应将政府视为犯罪团体，追究政府“单独的”刑事责任，实施双罚制——对政府领导人追究个人国际刑事责任，将政府视为一个整体，追究团体刑事责任，能实现威慑决策者，阻止国际犯罪发生，免除全体国民无妄之灾的目标。

即使政府为国家实行国际犯罪行为，政府也首先应当独立地承担法律上的责任，由政府代替国家承担法律上的责任，不仅是针对政府本身作为国家的实体代表而做出的；而且与全体国民相比，政府统治体系毕竟是少数，政府代替国家受罚可以避免对全体人民的集体惩罚的风险。尽管政府也是抽象实体，但国家作为主权享有者比作为主权行使者的政府更稳定、更抽象，所以视一国政府为犯罪组织进行处罚在实践层面更具可操作性。因此，在现有的国际犯罪及其刑事责任研究中，重视“政府国际犯罪”这一概念，探索建立政府刑事责任制度，符合国际社会的现实，是防止严重危害国际社会安全和秩序的罪行再度发生的有力保障。

第五章　政府国际犯罪刑事责任的国际法依据

与国内刑法的犯罪后果类似，实施国际犯罪将引起实施者的刑事责任。国际犯罪的刑事责任（或简称为国际刑事责任）是指主体因实施国际犯罪而引起的强制惩罚性法律后果。①

国家犯罪刑事责任的理论受质疑的主要原因之一：国家作为主权者，即使犯有国际罪行，也不可能受任何惩罚，因为国际法作为主权国家之间，而非国家之上的法律性质，不可能产生制裁国家的适当的刑罚制度，也排除了从犯罪角度来看待这种行为的可能性。同理，作为介于个人与国家之间特殊的实体，政府行为天生带有“国家”的色彩。追究政府国际犯罪的国际刑事责任，是否有悖于国际法国家主权原则；政府国际犯罪刑事责任理论如何面对可能被其他国家滥用，成为干涉他国内政的借口，使混乱

---

① 关于如何表述国际犯罪的刑事责任，有学者将其称为国际刑事责任。但张智辉先生认为，“国际刑事责任的提法与其他作为同类术语的个人刑事责任、国家刑事责任相比，在语言逻辑上讲不通；从国际犯罪刑事责任性质上理解违背常识；从国际犯罪的刑事责任存在的形态来说，其并不是独立于国内刑法中规定的刑事责任之外的法律现象，不是与国内犯罪的刑事责任完全不同的刑事责任类型。因而该提法是容易引起歧义的错误用语，应当摒弃，而用国际犯罪的刑事责任取而代之”。贾宇教授也承认，由于国际犯罪的存在、刑事责任的追究、刑事制裁的实现是国际刑法中逻辑结构互相联系、不可分割的有机组成部分；因此为突出犯罪主体实施国际犯罪而承担法律责任的因素，国际犯罪的刑事责任较之国际刑事责任更为科学和准确。参见张智辉《国际刑法通论（增补本）》，中国政法大学出版社 1999 年版，第 133—134 页；贾宇《国际刑法学》，中国政法大学出版社 2004 年版，第 123—124 页。

情势雪上加霜的批评。

第一节　政府国际犯罪损害国家主权

一　国家主权的相对性

国家主权是国家对内的最高权和对外的独立权。在《国家六论》中，布丹认为主权是主权者对领土及其居民的最高权力，不受任何其他权力所制定的法律和规则的约束，但在对外关系上受一切国家共有的某些法则的限制。

尽管现实是世界主要以国家为基本的终端单位，国家主权原则是国际法和国际关系中的基石性原则，是国际公法（统治主要由具有相同法律人格之国家组成的共同体的法）基本的宪法性学说，[①] 但主权相对化是不可否认的事实。

对外，全球化进程已经极大地改变了对传统国家主权的认识。一方面，很多国家为了国际合作的利益，已在宪法中明文规定，某些国家主权权利和权力，在参加有关国际组织的情况下，可以受到必要的限制，或者授予和转移于该国际组织。另一方面，出现了一种与全球化进程相适应的，与传统的国家间合作或国际合作不同的，追求维持正常的国际政治经济秩序的全球治理理念——通过具有约束力的国际规制，解决全球性的冲突、生态、人权、移民、毒品、走私、传染病等问题。国家受国际法保护，也受国际法管辖，国际社会的现实是国际法与国家主权并存，坚持绝对主权将导致否定国际法或否定国家主权。那种不受任何法律的约束，不服从任何条件或限制的绝对主权不存在。[②]

对内，主权是国家的灵魂，格劳秀斯以社会契约论诠释国家的

---

① ［英］伊恩·布朗利：《国际公法原理》，曾令良、余敏友译，法律出版社 2007 年版，第 257 页。

② 王铁崖：《国际法》，法律出版社 2007 年版，第 76 页。

起源，发展布丹的国家主权学说，以“国家人造”代替“国家神造”；对于主权的来源，主要有霍布斯的“主权在君”和卢梭的“主权在民”两种观点，显然后者的思想理念为世人所公认。①例如美国的立国精神《独立宣言》宣布，人生而平等，都享有某些不可让渡的权利。……政府的正当权力来自被统治者公民的同意。只要危害上述目的，任何形式的政府，人们有权利改变或废除它，并建立新的政府。政府的基本原则和组织形式，必须是最有利于实现人们的安全和幸福。② 国家的主权来自人民，只有人民才是国家真正的主人，政府仅仅是受人民委托管理国家的代理人，实质上是人民主权的辅助机构，即在政府之上是不可侵犯的人民主权。③

总之，随着时代发展，主权的概念将一以贯之并更趋于保障民生、保护民权、尊重人民的思想内涵。

---

① Michael W. Doyle and Geoffrey S. Carlson, "Silence of the Laws? Conceptions of International Relations and International Law in Hobbes, Kant, and Locke", *Columbia Journal of Transnational Law*, Vol. 46, No. 3, 2007 - 2008.

② 原文为：“人人生而平等，造物主赋予他们若干不可让与的权利，其中包括生存权、自由权和追求幸福的权利。为了保障这些权利，人们才在他们中间建立政府，而政府的正当权利，则是经被统治者同意授予的。任何形式的政府一旦对这些目标的实现起破坏作用，人民便有权予以更换或废除，以建立一个新的政府。新政府所依据的原则和组织其权力的方式，务使人民认为唯有这样才最有可能使他们获得安全和幸福。若真要审慎地来说，成立多年的政府是不应当由于无关紧要的和一时的原因而予以更换的。过去的一切经验都说明，任何苦难，只要尚能忍受，人类还是情愿忍受，也不想为申冤而废除他们久已习惯了的政府形式。然而，当始终追求同一目标的一系列滥用职权和强取豪夺的行为表明政府企图把人民置于专制暴政之下时，人民就有权也有义务去推翻这样的政府，并为其未来的安全提供新的保障。”

③ 参见徐大同《西方政治思想史》，天津教育出版社 2005 年版，第 278—280 页。托马斯·杰斐逊认为，“生命、自由和追求幸福的权利”，是“不可让渡的权利”。为了更有效地保障这些权利，人们通过契约成立政府。政府则是由于被统治者同意而取得正当权力，人们在订立契约成立政府时，并未放弃自己的权利，而只是使这些权利得到政府保护而更加安全。如果政府损害了人民的权利，实行暴政，人民就有权改变或废除这一政府，成立新的政府。他指出，构成一个社会或国家的人民才是国家一切权力的源泉，人民有权推翻使他们陷于专制统治下的暴政。

二 无法完成职责的犯罪政府

因此，主权内在地包含保护本国人民的职责，政府作为国家的代理人履行这样的职责。[①] 即使倡导“主权在君”的霍布斯，也从“自然法”的角度，论证增进人民的安全和福利是统治者的最高义务。主权者建立统治的目的是追求和平，统治者必须忠实于人民的信任，保护人民的利益，使他们免遭外来侵犯，确保人民享有一种无害的自由（harmless liberty）；在主权者无力维持社会和平和保护公民的安全的情形下，臣民可以免除效忠其统治者的义务。

对内，国家主权来自全部成员的缔约行为，获得最高统治权。每个成员放弃自身的自然权利，将国家作为最高效忠对象，纳税、服兵役……从而获得远远大于自我保存能力的国家保护；相应地，国家作为国民的最高监护人必须履行保护职能，提供保障人身与财产安全的法律与秩序和基本的经济与社会服务。[②] 而政府蓄意或受政府政策支持的有组织有系统的最严重的国际犯罪行为，不仅不能为本国公民提供基本生存与安全的条件、物质福利，反而使国内秩序混乱，致使国家“制度崩溃”和“职能不足”。

一国如果存在政府国际犯罪的情势，将逐渐削弱“主权在民”的基础，失去国家稳固存在的根基——公民或国民认同其国家人格（statehood）的心理，而这是团结多元文化习俗、传统习俗及其他

① 参见徐大同《西方政治思想史》，天津教育出版社 2005 年版，第 369 页。边沁在《政府片论》中用功利理论来解释政府的起源和目的。当一群人被认为具有服从一个人或由一些人组成的集团的习惯时，这些人合在一起，便可以被看作是处在一种政治社会的状态中。至于为什么人们要服从，在边沁看来，仅仅是因为“服从可能造成的损害小于反抗可能造成的损害”，也就是因为“这是出于他们的利益”。一旦统治者的行为与人民的利益或幸福相抵触，人民就没有理由去服从了。不仅人民是为了自身利益的目的而服从政府的，而且政府也是为了社会利益的目的而设立的。一个政府的好坏主要应该以它所提供的富裕、安全、平等来衡量。

② ［法］卢梭：《社会契约论》，徐强译，九州出版社 2007 年版，第 35—39 页。

民俗的力量，并构成国家凝聚力的源泉之一。[①②] 所以政府一旦给本国人民造成本该避免的深重苦难，本国人民有权对政府进行撤销或更改，依据国内法或国际法追究政府国际犯罪的刑事责任，恰恰是对本国国家主权的保护。

在国际关系层面，国家主权平等原则似乎源自将国家现象与个人做类比，运用“天赋人权”“人生而平等”和“法律面前人人平等”的理念进行推演。1970 年《关于各国依联合国宪章建立友好关系及合作的国际法原则宣言》这样阐释国家主权与平等原则的含义：各国不论经济、社会、政治或其他性质有何不同，一律主权平等。各国均享有平等的权利与责任，为国际社会平等的会员国。即国家在国际法律关系中地位完全平等，相互无管辖和支配的地位。

国家主权的相对性，意味着国家主权相互制约，并接受国际公共权力的制约。毕竟国家在国际社会的地位是国家作为国际社会成员相互给予，不能要求国际社会和所有的国家以无差别的方式对待和评判世界上的每一个国家。正如黑格尔在《法哲学原理》一书中强调，一国在国际社会中又是一个个体，正像不同他人发生关系的个人不是一个现实的人一样，不同其他国家发生关系的国家也不是一个现实的国家。……一国既应得到别国的承认，也应同时承认别国，即互相尊重国家的独立自主。[③]

---

① 易显河：《国家主权平等与“领袖型国家”的正当性》，《西安交通大学学报》（社会科学版）2007 年第 5 期。

② 参见徐大同《西方政治思想史》，天津教育出版社 2005 年版，第 316 页。黑格尔把“国家政权力量”视为构成一个国家的本质的东西。他说：“一群人要形成一个国家，为此必不可少的是他们能形成共同防御的国家权力。”这个统一的国家权力具有至上性和极大的权威性，对内能号令一切，对外能进行战争，因此，国家作为一群人形成的权威力量能够把一个民族凝聚成一个有机的统一整体。黑格尔在解释国家之所以如此时，认为国家具有一种“民族精神”，它主宰着全民族的意向和活动，使结合的一群人成为真正的共同体——政治国家。

③ 黑格尔首先认为，国家是自在的、完全独立的整体。在国际社会中，“其中每个国家对别国来说都是独立自主的”，“独立自主是一个民族最基本的自由和最高的荣誉”。

然而“政府国际犯罪”是威胁国际社会根本利益并造成严重后果，受整个国际社会谴责的行为，威胁的不仅是本国，还可能给其他国家带来极大的不确定性和连带悲剧（如难民潮），致使本国维持自己作为国际社会平等成员，承担国际义务的能力遭到其他国家的质疑，处在世界权力结构和世界发展的边缘，丧失平等参与全球合作与全球竞争的机会。

三　国家主权原则保护犯罪政府所在国

即使“政府国际犯罪”带有多么厚重的“国家”色彩，因其本身违反“主权在民”的理念，使得作为政治组织的国家对内无法向公民提供公共服务，对外无法与其他国家建立正常关系，未能履行相应的国家职能，与国家主权原则无涉。

作为国际社会的一员，具有政府国际犯罪情势的国家或许缺乏国家凝聚力，或许国家在政府建设和政府履行职能方面有待进步，仍然受国家主权平等原则的保护：其一，具有与其他各国平等的法律地位，其尊严度不容有失；其二，国家享有主权独立，即“拥有主权的人民可表达自己的思想，最大限度地实现其价值，发挥其长处”，不受外来势力的干涉与控制；其三，该国自身也应当尊重他国的国家权利，努力减少本国危机对地区和全球带来的冲击；获得与其他各国在国际社会平等的法律地位和国际成员之间的相互尊重，真正实现国家主权与平等。

因此追究政府国际犯罪的刑事责任制度设计（详见本书第七章），应保证具有政府国际犯罪情势的国家享有国家主权与平等原则不可动摇的“内核”：（1）法律上的地位平等（juridical equality）；（2）不容侵犯的领土完整和政治独立（inviolable territorial integrity and political independence），[①] 即在尊重国家平等法律人格和

---

① 易显河：《国家主权平等与“领袖型国家”的正当性》，《西安交通大学学报》（社会科学版）2007 年第 5 期。

国家尊严，不受外来势力的无端的干涉与控制的底线之上，国家之间寻找相互合作的基础，解决由政府国际犯罪引发的一系列问题，形成合力（而非相互指责）以遏制政府国际犯罪不断恶化的态势，并努力使其主要依靠自身力量向良好方向发展。

第二节　政府国际犯罪与不干涉内政原则

1965 年《关于各国内政不容干涉及其独立与主权之保护宣言》、1981 年《不容干涉和干预别国内政宣言》等国际法律文件表明，“不干涉内政原则”是基于国家主权与平等，为各国普遍接受的国际法原则，是当代国际关系的重要准则之一。除了“国家主权与平等原则”，违反不干涉内政原则，是国际社会对追究政府国际犯罪国际刑事责任可能产生的另一共同质疑。

一　国际法上“内政”范围的变化

尽管国际社会对国际法上“内政”含义尚有争论，但基本共识是，“内政”不仅是一个地理概念，而且是世界各国在履行国际义务，并遵守国际法基本原则及条约规定的前提下，所有属于国家管辖的对内和对外事务。

格劳秀斯 300 多年前就曾宣布“如果一国国内司法管辖表现为对人类施暴，则国内管辖的排他性和独有性就不存在了”①。参照《联合国宪章》确立的目的和宗旨、《宪章》的其他相关条款、《国际法原则宣言》等法律文件，《联合国宪章》所指在本质上属于国家国内管辖的事务，是以不违反国际法下的义务为前提，国家

---

① 在 1919 年《国际联盟盟约》中，“内政”是指“按诸国际法纯属该国内管辖之事件（第 15 条第 8 款）”；1923 年“突尼斯和摩洛哥国籍法令案”中，常设国际法院的咨询意见指出，“纯属国内管辖的事件”是指原则上不受国际法调整的事项；1945 年《联合国宪章》第 2 条第 7 款规定，“本宪章不得认为授权联合国干涉在本质上属于任何国家国内管辖之事件，并且不要求会员国将该项事件依本宪章提请解决”。

管辖的所有对内和对外事务。

显然内政范围面临动态界定的状态。恩格斯说过："每一个时代的理论思维，从而我们时代的理论思维，都是一种历史的产物，它在不同的时代具有完全不同的形式，同时具有完全不同的内容。"[①] 就如常设国际法院在 1923 年"国籍咨询案"中指出："某一事项是否属国家管辖范围之内，本质上是一个相对的问题，其答案取决于国际法的发展。"[②] 因此决定"'本质上'是否属于国内管辖事件的唯一标准"是"是否违反国际法及条约规定的国际义务"，而"一国国内管辖事项"的范围会随着国际法的发展而变化。[③]

二　政府国际犯罪超出内政的范畴

进入 20 世纪 90 年代，国际社会最大的变化是人类组织和活动的空间形式，包括各种社会关系和制度，在时间和空间上的强化和深化：一方面，日常活动日益受到地球另一面所发生的事件的影响；另一方面，地方集团或社区的实践和决策可能会引起全球的强烈反响。[④]

世界伴随全球化的迅猛发展，变得更紧密地联系在一起，使得即便在地理上孤立的国家的国内动荡，也可能破坏国际和平与安全，从而影响人类基本价值和共同利益，因此原本属于一国内政的事务，如关税、汇率、反恐、禁毒、网络、环境、能源、疾病预防和惩治犯罪等领域出现的问题，很难依靠单个国家解决，必须依靠国际社会共同努力，甚至有学者认为，在世界全球化以及相互依存

---

① 《马克思恩格斯选集》第 4 卷，人民出版社 1995 年版，第 284 页。

② 李伯军：《论国际法上"内政"的概念及其发展》，《法学评论》2009 年第 2 期。

③ 王庆海、张蓝图：《国际法上的内政及不干涉内政原则新论》，《吉林大学社会科学学报》2001 年第 4 期。

④ ［美］戴维·赫尔德：《民主的模式》，燕继荣译，中央编译出版社 1998 年版，第 425—426 页。

越来越密切的进程中，已很难再找到本质上完全属于一国国内管辖范围的事项。[①]

全球安全、生态环境、国际经济、国际犯罪、基本人权等问题范围和影响都是世界性的，既涉及人类长远的共同利益，又影响各个国家的当前利益，[②] 需要国际社会协调合作，建立一些得到主权国家支持，促进共同理解和行动的制度，将本属各个“孤立”的国家的内政，根据国际法基本原则及国际条约，变成国际问题，通过具有约束力的国际机制解决涉及全球利益的问题，以维持正常的国际政治经济社会秩序。[③]

政府国际犯罪涉及的侵略罪、灭绝种族罪、种族隔离罪、危害人类罪、战争罪、奴役及与奴役相关的犯罪、酷刑罪，无一例外的是最严重的国际犯罪，对受国际法保护的对象造成严重的伤害。国际犯罪尤其是最严重的国际犯罪，被认为是世界和国家力量被削弱的根源，危及国际社会的和平与发展，考虑到国际社会的整体利益，加强安全防范是国际社会得以维持和进步的基础。[④] 联合国前秘书长德奎利亚尔相信，目前一个日益上升的认识是，不干涉内政的国际法原则，绝不能用来庇护大规模地、有系统且不受惩罚地违

---

① 李杰豪：《保护的责任对现代国际法规则的影响》，《求索》2007 年第 1 期。

② 俞可平等：《全球化与国家主权》，社会科学文献出版社 2004 年版，第 29 页。学者认为已经影响或者将要影响全人类的跨国性问题，包括：（1）全球安全，国家间或区域性的武装冲突，核武器、大规模杀伤性武器的生产、扩散和交易，非防卫性军事力量的兴起等；（2）生态环境，资源的合理利用与开发，污染源控制稀有动植物保护，生物多样性的丧失，气候变化等；（3）国际经济，包括全球金融市场，贫富两极分化，全球经济安全，公平竞争，债务危机等；（4）跨国犯罪，走私，非法移民，毒品交易，国际恐怖活动等；（5）基本人权，种族灭绝，屠杀平民，疾病传染，饥饿与贫困等。

③ 殷仁胜、李国际：《挑战与对策：全球化时代的不干涉内政原则》，《理论月刊》2007 年第 2 期。

④ 世界经济论坛创始人兼执行主席克劳斯·施瓦布认为，各国在全球化中追求的整体利益包括：（1）在环境、社会和经济方面可持续发展；（2）减少贫困人口，提高温饱普及率；（3）寻找世界和国家力量被削弱的根源（如国际犯罪），加强安全防范；（4）分享核心价值准则，努力调和文化差异，实现不同国家在全球范围内和平共处；（5）提高政府间国际合作质量和国际机构效能。［瑞士］克劳斯·施瓦布：《21 世纪的全球治理》，《外交评论》2008 年第 6 期。

反基本人权的暴行。[1] 随着国际形势和国际法规则的发展，“大规模严重侵犯人权的行为如种族灭绝、种族隔离、大屠杀等，使得这种行为构成国际罪行，从而超出一个国家国内管辖的范围，成为国际社会关注并应解决的事项”[2]。

三　不干涉内政原则的“相对主义”

在全球化的历史背景下，不干涉内政原则从“绝对主义”向“相对主义”转化，将不干涉内政的原则性和灵活性有机结合。

非盟的“互查机制”和“非漠视原则”提出了对成员国国内事务适当干预的新理念，非盟有权在成员国出现“战争罪行、种族屠杀、反人类罪”等情况下对其进行干预。[3] 亚洲金融危机后，东盟内部要求改革的呼声不断增强，最终以“加强相互影响”的方式，当某成员国发生将会对邻国安全造成严重威胁的事态时，他国可按特殊情况处理，在征得当事国同意的前提下，进行适当的干预，促进事态向良好健康的方面发展。[4] 这一方式在东盟处理缅甸局势时表现出明显的灵活性。[5]

联合国安理会在伊拉克、索马里、萨尔瓦多、安哥拉、莫桑比克、利比里亚、海地、卢旺达、布隆迪、塞拉利昂、刚果（金）、原南斯拉夫、东帝汶等众多国家或地区进行的“人道主义干涉”，成为联合国安理会处理其会员国国内人道主义危机的实例，实际上联合国安理会已经通过其自身的实践在不断地扩大宪章第 39 条的

---

① 古祖雪：《联合国改革与国际法的发展》，《武大国际法评论》2006 年第 2 期。

② 王铁崖：《国际法》，法律出版社 2007 年版，第 114 页。

③ See The Constitutive Act of African Union, 2012 - 7 - 22 (http: //www. africa - union. org/root/au/aboutau/constitutive_ act_ en. htm).

④ Daniel Seah, "The ASEAN Charter", *International & Comparative Law Quarterly*, Vol. 58, No. 1, January 2009.

⑤ John Arendshorst, "The Dilemma of Non - Interference: Myanmar, Human Rights, and the ASEAN Charter", *Northwestern University Journal of International Human Rights*, Vol. 8, No. 1, Fall 2009.

适用范围，人权问题事实上早已被纳入联合国集体安全体制的范围。[①]

（一）符合国际法准则的干涉

从国际法的角度，干涉可以分为违反国际法准则的干涉和符合国际法准则的干涉。《宪章》第 2 条第 7 款规定当各种事态危及国际和平与安全时，安理会依宪章第 7 章规定不干涉内政的例外。[②]国际社会判断在一国领土内的局势变化是否影响国际和平与安全，并可能进行干预，至少应具备如下之一的条件：

（1）安理会根据《联合国宪章》第 34、36、37 条的规定，“得调查任何争端或可能引起国际摩擦或惹起争端之任何情势”，并且在该争端“在事实上足以危及国际和平与安全之维持时”，可以提请当事国“依国际法院规约之规定提交国际法院”。

（2）当存在对和平的威胁和破坏时，安理会可以根据《联合国宪章》第七章采取包括使用武力在内的一切措施以维护和平与安全。

（3）对缔约国内部根据所加入之公约由国际争端解决机构行使管辖权。此项管辖权需经缔约国的同意方可行使，例如《防止及惩治灭绝种族罪公约》第 6 条和《罗马规约》第 12、13、14 条的规定。

（4）当事国内部犯下引起国际社会关注的最严重罪行，如战争罪、危害人类罪、灭绝种族罪、侵略罪等，各国和国际组织均可根据普遍管辖权对当事国采取制裁行动。

（二）对犯罪政府所在国的干涉

虽然政府国际犯罪属于违反国际强行法的最严重的国际犯罪，已超出一国内政范畴；即使发生在一国国内，由于危害国际安全与和平，符合国际社会在国际法准则下对一国国内事务的一般干预条件；但是一国政府蓄意或受政府政策支持的有组织有系统的犯罪行

---

① 古祖雪：《联合国改革与国际法的发展》，《武大国际法评论》2006 年第 2 期。

② 任越：《达尔富尔：不干涉内政原则和补充性原则的冲突与权衡》，《太平洋学报》2009 年第 11 期。

为，在地理上发生在本国国内，应当首先考虑由该国自己审理和处罚这类罪行的实施者。

如果“没有法治或者法治软弱、或者由于领土所属国或国籍国国内的政治原因、或者为了维持暂时的国际妥协而使罪犯不受国家司法的制约”①，使政府国际犯罪缺乏国内处理的可行性，在具备合法性的前提下，国际社会对一国政府国际犯罪行为的干涉（具体方式有待讨论，如该国接受国际刑事法院的管辖、国际军事干预获得联合国安理会的授权），包括在适当的条件下，追究相关成员个人和一国政府“整体”的国际刑事责任，无悖于不干涉内政原则。

第三节 借鉴“保护的责任”遏制政府国际犯罪

全球化时代“国内制度的缺陷必然外溢到国际领域，从而导致冲突和危机”，如何应对严重侵犯人权的问题，如何在主权与人权之间寻找一种平衡，长期以来一直是国际社会面临的巨大挑战。在国际社会未能阻止1994年卢旺达大屠杀，以及1999年充满争议的北约对科索沃的轰炸后，这一问题日益突出，确需国际社会力量的介入，避免发生索马里化、苏丹化的灾难前景。联合国前秘书长科菲·安南要求联合国会员国找到协商一致适当方法，以应对未来这种暴行。②“保护的责任”（或简写为“R2P”）的出现和发展，可能为国际社会强行干预另一个国家内部严重侵犯人权的暴行，提

① 2009年在国际刑事法院第六届缔约国大会上都灵军事法庭庭长 Roberto Bellelli 表示：“由国家采取行动惩罚种族灭绝罪、危害人类罪和战争罪，可能会因为以下原因而导致那些负有最重责任的人逍遥法外：没有法治或者法治软弱；或者由于领土所属国或国籍国国内的政治原因；或者为了维持暂时的国际妥协而使罪犯不受国家司法的制约。” No. ICC - 02/05 - 01/09（http://www.icc - cpi.int/iccdocs/asp_ docs/library/asp/ICC - ASP—6—INF—2_ Add—1_ Chinese.pdf）.

② The Secretary - General, Annan K.,“We the Peoples: The Role of the United Nations in the Twenty - First Century”, 2007 - 1 - 30（http://www.un.org/millennium/sg/report/full.htm）.

供理论支持和可借鉴的制度框架。[①]

一　"R2P"的内容体系和理论基础

对"保护的责任"的一般理解为，尽管现代国际法在原来的基础上，加入维护人权和国际社会整体利益的目标，国家主权的地位相对下降，但在世界主要以国家为基本的终端单位，以国家的方式组织起来这一事实尚未改变之前，保护本国人民的责任首先是国家的责任，一旦当事国家不愿或无力制止或避免本国人民遭受严重伤害，则由国际社会相应地承担保护的责任。

（一）"R2P"体系的形成和发展

2001年12月干预与国家主权委员会（International Commission on Intervention and State Sovereignty，以下或简称"ICISS"）发表《保护的责任》的研究报告（the Responsibility to Protect）。该报告的基本原则是：主权意味着责任。[②] 尽管作为解决道德及法律困境的作用不应该被夸大，"保护的责任"（R2P）概念似乎可以跨越人权与主权，人道主义干涉与不干涉内政之间的鸿沟。[③]

作为发展中的概念，尽管各国仍有各自的保留和理解，[④] 学者

---

① 李斌：《〈保护的责任〉对"不干涉内政原则"的影响》，《法律科学》2007年第3期。

② 《保护的责任（中文译本）》，2012年3月19日（http：//www. r2pasiapacific. org/documents/ICISS%20Report - Chinese. pdf）。国家主权意味着责任，而且保护本国人民的主要责任是国家本身的职责；一旦人民因内战叛乱镇压或国家陷于瘫痪而且当事国家不愿或无力制止或避免而遭受严重伤害时，不干预原则要服从于国际保护责任。

③ Marco de Sousa，"Humanitarian Intervention and the Responsibility to Protect：Dridging the Moral/Legal Divide"，*UCL Jurisprudence Review*，Vol. 16，2010.

④ 自《保护的责任》正式公布之后，各国反应不一，可分为：（1）非常支持的国家。这些国家主要包括两类：第一类，中等规模的发达国家，如英国、法国、加拿大、澳大利亚、西班牙、德国、北欧各国。第二类，非洲政局比较稳定的国家。（2）持保留态度并提出建设性意见的国家。大部分国家都可以归为这一类，有发达国家，如美国、日本；也有发展中国家，如中国、巴西、印尼。它们对联合国、非政府组织等推动"保护的责任"并不反对，但是它们表达了自己的合理关切，认为该概念尚不成熟，需要不断加以完善并有合理的制度做保障之后才能付诸实施。（3）极力反对的国家。这类国家并不多，仅古巴、委内瑞拉、苏丹、尼加拉瓜、斯里兰卡等少数国家。各国立场与态度参见 http：//www. Responsibilitytoprotect. org/index. php/civil_ society_ statements。

仍有不同的观点，[①]“保护的责任”已然出现在重要的国际政治与法律文献中，正在悄然形成“信念共识”。在某种程度上，伴随联合国的一系列实践，及若干国际性刑事法庭的建立与运行，“保护的责任”具备了可能发展为对国际社会习惯性约束力规则的法理基础。[②]

（1）2004年《一个更安全的世界：我们的共同责任》（A More Secure World：Our Shared Responsibility—Report of the Secretary - General's High - level Panel on Threats，Challenges and Change）的报告纳入“保护的责任”的概念，“……人道主义灾难使人们不再集中注意主权政府的豁免权，而注意它们对本国的人民和广大国际社会的责任……问题并不在于一个国家是否‘有权干预’，而是每个国家都‘有责任保护’那些身陷本来可以避免的灾难的人……”[③]

（2）2005年《大自由：实现人人共享的发展、安全和人权》（Larger Freedom：Towards Development，Security and Human Rights for All）报告接受“集体负有提供保护的责任”，要求在必要时应该采取行动。[④] 同年，世界首脑会议成果文件（World Summit Out-

---

① 相关著作甚丰，eg. Marco de Sousa，“Humanitarian Intervention and the Responsibility to Protect：Bridging the Moral/legal Divide”，*UCL Jurisprudence Review*，Vol. 16，2010；Rebecca J. Hamilton，“The Responsibility To Protect：From Document to Doctrine——But What of Implementation?”，*Harvard Human Rights Journal*，Vol. 19，Spring 2006；James Pattison，*Humanitarian Intervention and the Responsibility to Protect：Who Should Intervene?* Oxford：Oxford University Press，2010；Cristina Gabriela Badescu，*Humanitarian Intervention and the Responsibility to Protect：Security and Human Rights*（*Global Politics and the Responsibility to Protect*），New York：Routledge，2011；etc..

② 下列文献表明，“保护的责任”作为一项新的国际政策正在形成经实践发展的“信念共识”，这一政策肯定，“保护的责任”首先是国家的责任，一旦国家明显无法履行这一责任，则在联合国框架内，国际社会依国际法承担相应的保护责任。

③ 《联合国威胁、挑战和改革问题高级别小组报告——一个更安全的世界：我们的共同责任》，联合国文件 A/59/565（中文），para 201，2012年3月18日（http：//www.un.org/chinese/secureworld/ch9.htm）。

④ 《秘书长报告——大自由：实现人人共享的发展、安全和人权》，联合国文件 A/59/2005（中文），para. 135，2012年3月17日（http：//www.un.org/chinese/largerfreedom/）。

come）在一定条件下，接纳“保护的责任”，并做出某些发展和限制：在“保护人民免遭灭绝种族、战争罪、族裔清洗和危害人类罪之害的责任”项下，文件一方面强调“每一个国家（each individual state）均有责任保护”，“我们接受这一责任并将据此采取行动”，另一方面又同意，“国际社会应酌情鼓励并帮助各国履行这一责任，支持联合国建立预警能力”；要求“国际社会通过联合国也有责任根据《联合国宪章》第六章和第八章，使用适当的外交、人道主义和其他和平手段……”①

（3）2006 年安理会第 1674 号决议关于武装冲突中平民的保护问题的第 4 段，明确援引“保护的责任”概念，声明严重侵犯人权行为，不再仅仅属于该国国内排他性管辖范围内的事项，并达成政治共识，其应为受更广泛国际社会关注的问题。此后，在 2006 年安理会第 1706 号关于苏丹问题的决议中，“重申《2005 年世界首脑会议最终成果》文件第 138—139 段的规定”，间接性地引用保护的责任的概念。②

（4）国际法院对“保护的责任”的态度也是发展的。通过 2007 年对波黑诉塞尔维亚“《灭绝种族罪公约》适用案”最终判决，以及 2008 年“《消除一切形式种族歧视国际公约》适用案”（格鲁吉亚诉俄罗斯）临时措施判令的措辞，明显地与在西南非洲案第二阶段呈现出保守性的态度有别：国际法院对于基于某些人权公约而采取的干涉行为，从过去的单纯的排斥，现阶段已转变为一定程度的支持。③

（二）支持“保护责任”的理论体系

故而支持“保护责任”的理论体系由以下四部分组成，“（1）

---

① 2005 World Summit Outcome, UN Doc A/60/1, paras. 138 - 139, 2012 - 7 - 22 (http://unpan1.un.org/intradoc/groups/public/documents/un/unpan021752.pdf).

② 宋杰：《“保护的责任”：国际法院相关司法实践研究》，《法律科学》2009 年第 5 期。

③ 同上。

由于主权概念中固有义务的存在；（2）联合国宪章第 24 条中规定的安理会维护国际和平与安全的责任；（3）人权和保护人类的宣言公约和条约，国际人道主义法和国内法中规定的具体法律义务；（4）各国、地区组织和安理会本身正在发展的做法”[①]。与本书的主旨相联系，可得：

第一，所有国家以及联合国都有依照国际法规定，保护遭灭绝种族、危害人类罪、族裔清洗和战争罪的受害者，并负有防止此类暴行发生的法律义务和责任。以《联合国宪章》《日内瓦公约》《世界人权宣言》《公民权力和政治权利公约》和《经济社会文化权利公约》为代表的人权条约，《种族灭绝罪公约》《国际刑事法院罗马规约》等国际法律文书明确或通过合理的推论得出，无辜人民享有免受武装冲突中或较为隐蔽条件下国家支持的非官方的非法行为暴行（暴行发生时无法或不愿意保护其人民）的权利，国家和国际社会有责任和义务保护种族灭绝罪、战争罪和反人类罪受害者，遏制这些暴行的发生。早在 1973 年联合国大会 3074 号决议第 3 款（U. N. Doc. A/9030，Dec. 3，1973）中，就要求各国“采取双边和多边的基础上的彼此合作以制止和防止战争罪和反人类罪”，并有义务采取“实现这一目的的国内和国际必要措施”。

第二，国家主权不应是履行这些责任和义务的阻碍。当一国政府参与和推动这些暴行或不能保护其人民免受暴行之苦，政府就在实质上损害国家主权，从而丧失代理国家的资格。主权是国家的本质属性，不因外来干预而失去。当一国发生大规模屠杀和种族清洗时，捍卫国家主权和保护该国人民本质上是一致的，实质上没有人权与主权冲突，长期的系统性的违反国际法的行为应该不在国家主

① 《保护的责任（中文译本）》，2012 年 3 月 19 日（http：//www. r2pasiapacific. org/documents/ICISS%20Report - Chinese. pdf）。

权允许的范围之内。①

二 “R2P”为遏制政府国际犯罪提供理论支持

当一国国内因政府国际犯罪，“制度崩溃”和“职能不足”，以致缺乏中央权威，内战连连，发生大规模侵犯人权的情势或者大规模人道主义危机；给其他国家，尤其是周边国家带来边境混乱、政治动荡、经济负担和种族矛盾的风险，而该国又不能或不愿意阻止局势的恶化，这些问题就超出一国的“内政”范围。包括联合国及安理会在内的相关组织机构应当有所作为，国际社会在相关机构的协调下就应迅速采取措施予以制止。这种行动可以是采取包括外交斡旋在内的非军事措施，在极端情况下也可以使用武力（中国对“保护的责任”持保留态度并提出建设性意见）。②“R2P”体系的形成和发展，为国际社会遏制“政府国际犯罪”现象提供理论支持。

（一）政府应承担本国国内“保护的责任”

在人民、国家、政府和主权这四者之间，本书强调，首先是“主权在民”，其次主权是国家的灵魂，再次人民遭受深重苦难的同时这个国家亦深受苦难，最后政府的目的“只是人民的和平、安全与公共福利”，所以政府没有以保卫国家主权的名义，“任意要求对本国人民为所欲为的无限的权力”③。在国家惯例中，“主权意味着责任”。“保护的责任”理论的出现和发展，使作为责任的

---

① The Secretary - General, Annan K.,“We the Peoples: The Role of the United Nations in the Twenty - First Century”, 2007 - 1 - 30 (http: //www. un. org/millennium/sg/report/full. htm).

② 为了判断一个国家是否不能或不愿意履行这种责任，国际社会必须制定一个统一的评判标准；最后，如果联合国及安理会采取措施，应当尽量采用和平方式，避免军事干预。参见中国外交部网站：2005 年 6 月 7 日，中国关于联合国改革的立场文件；2005 年 6 月 21 日，王光亚大使在联大磋商 9 月首脑会议成果文件草案时的发言；2005 年 12 月 9 日，张义山大使在“武装冲突中保护平民问题”公开辩论会上的发言；2006 年 6 月 28 日，刘振民大使在“武装冲突中保护平民问题”公开辩论会上的发言。

③ 《保护的责任（中译本）》，paral. 135，2012 年 3 月 19 日（http: //www. r2pasiapacific. org/documents/ICISS% 20Report - Chinese. pdf）。

主权正得到更多的承认。保护的责任由政府具体承担，具有主要意义，[①] 具体而言："第一，国家权力当局对保护国民的安全和生命以及增进其福利的工作负有责任，这通常指的是政府；第二，国家政治当局对内向国民负责，并且通过联合国向国际社会负责；第三，国家的代理人要对其行动负责，就是国家的代理人的授权行为和疏忽。"[②]

（二）遏制"政府国际犯罪"属于"保护的责任"范畴

2001 年 ICISS《保护的责任》中作为基础原则的标准：国家和国际社会制止或避免人民因内战、叛乱、镇压或国家陷于瘫痪而受严重伤害的保护责任；2004 年《一个更安全的世界：我们的共同责任》报告中将"保护的责任"的范围表述为"免遭蓄意制造的饥馑、故意传播的疾病、大规模屠杀和强奸、采用强行驱逐和恐吓方式进行的族裔清洗"；"保护的责任"在 2005 年《大自由》的表述是"保护公民免受犯罪、暴力和侵略的危害"。"保护的责任"在 2005 年《世界首脑会议成果》限定于国际社会和国家"保护人民免遭灭绝种族、战争罪、族裔清洗和危害人类罪之害的责任"。

尽管关于"保护的责任"的内涵，提供保护的起点和方法，尤其是使用军事干预的可能性和必要性各有不同。根据"最小公约数"原则，政府国际犯罪所涉之侵略罪、灭绝种族罪、种族隔离罪、危害人类罪的范围恰在"保护的责任"的范畴之内，此时

---

① 《保护的责任（中译本）》，para. 2. 19，2012 年 3 月 19 日（http：//www. r2pasiapacific. org/documents/ICISS%20Report - Chinese. pdf）。

② 进一步的表述为："……虽然主权政府负有使自己的人民免受这些灾难的主要责任，但是，如果它们没有能力或不愿意这样做，广大国际社会就应承担起这一责任……"（para. 201）"安理会和广大国际社会已逐渐承认，根据第七章的规定，为寻求一个国际社会提供保护的集体责任新规范，安理会随时可以批准采取军事行动，以纠正一个国家内极为严重的弊害，如果它肯宣布这个局势危及国际和平与安全，而这样做并非难事，特别是如果有违反国际法的行为。"（para. 202）因而"如果发生灭绝种族和其他大规模杀戮，国际社会集体负有提供保护的责任，由安全理事会在万不得已情况下批准进行军事干预，以防止主权国家政府没有力量或不愿意防止的族裔清洗或严重违反国际人道主义法行为。"（para. 203）参见《联合国威胁、挑战和改革问题高级别小组报告——一个更安全的世界：我们的共同责任》，联合国文件 A/59/565（中文），2012 年 3 月 18 日（http：//www. un. org/chinese/secureworld/ch9. htm）。

政府不但没有尽到保护人民免遭灭绝种族、战争罪、族裔清洗和危害人类罪之害的责任，反而参与和推动这些暴行。对“政府国际犯罪”的打击，正如安南秘书长所说的，“如果从事这些犯罪行为的国家（政府）知道国家边界并非绝对的屏障；如果他们清楚联合国安理会将会采取行动制止这些反人类的罪行，那么他们就不会从事这些行动，也不会期望基于主权的原因，豁免这些罪行”①。

三　借鉴“R2P”行动机制遏制政府国际犯罪

尽管有学者认为“保护的责任”与人道主义干涉的关系是“旧瓶装新酒”，② 但两者之间有三个方面区别：第一，R2P 强调将焦点从干预国的要求和特权，转移到受压迫的受害者的迫切需要。第二，最重要的一点是，R2P 引入关于主权解读的新途径，“责任主权”取代“控制主权”的传统观念。从这个角度来看，政府在内对本国公民、在外对国际社会，为自己的行为负责（这一点与本书观点一致）。第三，R2P 采用的不仅是强行干预，包括一系列连续性措施，尤其强调“预防是保护责任中最最重要的方面”。③因此，“保护的责任”理论为国际社会遏制政府国际犯罪的行动提供值得借鉴的制度框架。④（详见本书第七章“政府犯罪国际刑事

① John H. Jackson, “Sovereignty - Modern: A New Approach to an Outdated Concept”, *American Journal of International Law*, Vol. 97, 2003.

② Carsten Stahn, “Responsibility to Protect: Political Rhetoric or Emerging Legal Norm?”, *The American Journal of International Law*, Vol. 101, No. 1, January 2007.

③ ICISS, *The Responsibility to Protect*, Paras. 228 - 229, 2012 - 2 - 27 (http://www.responsibilitytoprotect.org/ICISS%20Report.pdf).

④ 2005 年《世界首脑会议成果》确认“保护的责任”意味着通过适当、必要的手段，预防灭绝种族、战争罪、族裔清洗和危害人类罪行的发生。国际社会应酌情鼓励并帮助各国履行这一责任，支持联合国建立预警能力。国际社会通过联合国也有责任根据《宪章》第六章和第八章，使用适当的外交、人道主义和其他和平手段，帮助保护人民免遭上述罪行之害。该报告提出，如果和平手段不足以解决问题，而且有关国家当局显然无法保护其人民免遭种族灭绝、战争罪、族裔清洗和危害人类罪之害，根据《宪章》第七章，由安理会逐案处理，并酌情与相关区域组织合作，及时果断地采取集体行动。根据《宪章》和国际法的相关原则，联大继续审议保护人民免遭上述罪行之害的责任及所涉问题。国际社会视需要酌情做出承诺，帮助各国建设保护人民免遭上述罪行之害的能力，并在危机和冲突爆发前，协助处于紧张状态的国家。

责任追究机制”）

（一）《保护的责任》的框架设计

2001 年 ICISS《保护的责任》规定，保护责任框架包括：（1）预防责任；（2）做出反应的责任；（3）重建的责任。[①] 因此，ICISS 对军事干预的授权、预防原则、起点标准等程序问题，及军事行动的原则进行系统的规定，仍然以现有的联合国框架为主要支柱。对一国国内发生的大规模侵犯人权的事件，国际社会进行干预，尤其是军事干涉提出六点标准。[②] 但《保护的责任》亦在特定情况下，未经安理会不授权，依据“联合一致共策和平”原则，[③] 不排除有关国家或临时性联盟采取其他行动方式应对局势的紧迫性和严重性，实行军事干预（笔者对此提议持保留态度）。[④]

---

① 即首先消除使人民处于危险境地的内部冲突和其他人为危机的根本原因和直接原因；接着采取适当措施，对涉及人类紧迫需要的局势做出反应，其中可以包括像禁运、国际公诉以及在极端情况下进行军事干预等强制性措施；最后提供恢复重建和和解的全面援助，消除造成伤害的原因，尤其在军事干预之后，干预的目的就在于制止或避免这类伤害。《保护的责任（中译本）》，2012 年 3 月 19 日（http：//www. r2pasiapacific. org/documents/ICISS% 20Report - Chinese. pdf）。

② 干预行动合理授权、干预行动正当的理由、干预行动正确的意图、军事干涉作为最后手段、军事干涉的均衡性和军事干涉合理的成功机会。《保护的责任（中译本）》，para. 416，2012 年 3 月 19 日（http：//www. r2pasiapacific. org/documents/ICISS% 20Report - Chinese. pdf）。

③ “联合一致共策和平”程序是根据 1950 年 11 月联大通过的《联合一致共策和平》第 A/RES/377（V）号决议所规定的联大议事程序。根据该决议，如果安理会引起常任理事国不能达成一致，无法在发生威胁和平、破坏和平或侵略行为的情况下采取行动，则大会可以采取行动。大会必须在有关国家提出请求后 24 小时内召开紧急会议审议此事，以三分之二多数通过建议会员国采取共同措施，包括于必要时使用军队以维护和恢复国际和平与安全。

④ 笔者对以下《保护的责任》中军事干涉的提议持保留态度，即如果在安理会拒绝有关军事干预的建议，或未在合理的期限内审议此事的前提下，联合国可以依据“联合一致共策和平”程序召开联大紧急会议审议此事，或由区域组织依据联合国宪章第八章规定采取区域措施，随后请求安理会授权；如果安理会不履行保护的责任，也不排除有关国家或临时性联盟采取其他行动方式应对局势的紧迫性和严重性，这也就是说，即使未经安理会授权，也是可以实行军事干预。参见《保护的责任（中文译本）》，para. 639，2012 年 3 月 19 日（http：//www. r2pasiapacific. org/documents/ICISS% 20Report - Chinese. pdf）。

（二）《一个更安全的世界》的框架设计

该报告认为，国际社会集体负有提供保护的责任的起点是“发生灭绝种族和其他大规模杀戮”，防止“……政府没有力量或不愿意防止的族裔清洗或严重违反国际人道主义法行为”。应对上述情势，国际社会应连贯开展一系列工作，在必要时对暴力行为做出反应，重建四分五裂的社会；通过注重调解和其他途径协助制止暴力，通过派遣人权特派团、警察特派团和人道主义特派团等措施来保护人民；在万不得已的情况下才使用武力。根据《宪章》第七章的规定，如果这个局势危及“国际和平与安全”，特别存在违反国际法的行为，为寻求国际社会提供保护的集体责任新规范，安理会随时可以批准采取军事行动，纠正一个国家内极为严重的弊害。①

（三）《大自由》的框架设计

2005年《大自由》报告遵循“保护最弱者，包括冲突受害者及受迫害者”的原则，② 强调法治的重要性，因为帮助一些国家摆脱暴力时期所做的所有努力能否成功，取决于各国法律和司法机构的效力。安南建议专门设立一个主要由联合国系统现有工作人员组成的法治援助股，负责协助各国努力在冲突中和冲突后社会重建法治；司法是法治的一个关键部分，为了替暴行受害者开辟更多的补救渠道，并阻止骇人听闻的事件进一步发生，鼓励会员国同国际刑

---

① 《联合国威胁、挑战和改革问题高级别小组报告——一个更安全的世界：我们的共同责任》，联合国文件A/59/565（中文），paras. 201－203，2012年3月18日（http：//www. un. org/chinese/secureworld/ch9. htm）。

② 2005年《大自由》报告表示：“我们必须承担起保护的责任，并且在必要时采取行动。”如果一国当局不能或不愿保护本国公民，就由国际社会利用外交、人道主义及其他方法，帮助维护平民的人权和福祉。如果安全理事会不得不决定根据《联合国宪章》采取行动，包括必要时采取强制行动，应当遵循“保护最弱者，包括冲突受害者及受迫害者”的原则，任何法律原则，甚至主权，都不应成为掩盖灭绝种族罪、危害人类罪及大规模苦难的幌子。参见《秘书长报告——大自由：实现人人共享的发展、安全和人权》，联合国文件A/59/2005（中文），para. 129－135，2012年3月17日（http：//www. un. org/chinese/largerfreedom/）。

事法院及其他国际法庭和混合法庭充分合作，并应这些司法机构的要求，向其移交被告人。①

本章小结

本章以国家主权与平等原则和不干涉内政原则为例，讨论国际社会追究一国政府国际犯罪的刑事责任是否符合国际法的基本原则。

首先，不管“主权”的概念受全球化影响发生怎样的改变，仍是国际关系的基石性原则，是对许多国家和人民平等价值和尊严的承认，是对他们身份和自由的保护，以及对他们设计和决定自己命运的权利的肯定。② 国家与主权一体，无论“政府国际犯罪”带有多么厚重的“国家”色彩，由于违反“主权在民”的理念，对内对外损害本国国家和人民的利益，追究政府国际犯罪的刑事责任，与国家主权原则无涉。

其次，国际法的“内政”的含义受国际法发展影响，不干涉内政原则从“绝对主义”向“相对主义”转化。政府国际犯罪涉及最严重的国际犯罪，即使在一国的领土范围之内，也因影响或可能影响国际和平与安全，本质上不再完全属于一国的内政。因此在具备合法性的前提下，在联合国的框架内，国际社会对一国政府国际犯罪行为的干涉，无悖于不干涉内政原则。

“主权在民”、国家主权的相对性和“作为责任的主权”一脉相承，对“保护的责任”概念的共识发挥关键作用，成为一个国家对待本国公民与国际合法性之间的必然联系。对因政府国际犯罪

---

① 《秘书长报告——大自由：实现人人共享的发展、安全和人权》，联合国文件A/59/2005（中文），paras. 137－138，2012年3月17日（http：//www. un. org/chinese/largerfreedom/）。

② 《保护的责任（中译本）》，para. 132，2012年3月19日（http：//www. r2pasiapacific. org/documents/ICISS%20Report－Chinese. pdf）。

而产生的大规模人道主义灾难，国家负有预防和打击首要责任，这是每个国家应承担的对国际社会整体的义务；国际社会在且只有在国家不能和不愿履行保护其本国人民免遭灭绝种族、战争罪、族裔清洗和危害人类罪之害责任的前提下，提供相应的保护的责任。因此“保护的责任”的出现和发展，为国际社会遏制政府国际犯罪，追究政府成员个人和政府团体刑事责任提供理论支持和值得借鉴的行动机制。

第六章　政府国际犯罪刑事责任的刑事法依据

获得道义上的支持，或者找到某个必须依赖政府力量，实施达到强行法犯罪的实例并不难。在对政府国际犯罪构成的研究中，“政府国际犯罪”的构成可以划为两个层面：作为整体“政府国际犯罪”的犯罪构成和在整体“政府国际犯罪”项下政府成员个人的犯罪构成。

因此从刑事法角度，追究政府国际犯罪的刑事责任，[①] 要从理论上解决两个相关却不同的问题：其一，能否将政府视为一个整体，适用法人犯罪或团体犯罪理论；其二，若同时存在政府团体刑事责任和政府成员个人刑事责任，两者的关系为何，是否符合罪责自负的刑事责任原则。

第一节　国际犯罪刑事责任主体的范围

二战结束（主要是冷战后），随着国际刑事法的发展，对国际犯罪和国际刑事责任主体的认识呈现螺旋式发展的趋势：法律实体（主要是国家）—个人—个人与法律实体（法人、团体或组织）。

---

① 本书第五章“政府国际犯罪刑事责任的国际法依据”与第六章“政府国际犯罪刑事责任的刑事法依据”的写作目的，在于分别回应绪论中提到的国际法学者和刑法学者对于“国家犯罪及其国际刑事责任”的争论，而非认为国际法与刑事法具有分类的对应性。

整体责任与个人责任构成并存现代社会刑事责任追究的发展趋势，并且存在一体化的倾向，即在一个实体犯罪中，既追究实体整体的刑事责任，又追究相关实体成员个人的刑事责任。[①②]

个人国际犯罪的刑事责任主体地位（国家元首、政府首脑国际犯罪行为不豁免），通过国际条约和国际审判实践得到确立，个人刑事责任原则是一般法律原则。尽管关于法律实体违法性和有责性的国际刑法理论发展较为迟缓，具有争议性，但组织或团体刑事责任得到许多国家的法律制度确认。对那些明显带有组织性或团体性的国际犯罪，不能仅视为一种临时性的纠合犯罪团伙，而应作为具有共同的犯意、较为固定的犯罪组织对待，这种实体实施的国际犯罪往往比个人行为具有更广泛的危害后果，必须受到相应的刑事处罚。[③] 按照《国际法院规约》第 38 条第 3 款，[④] 法律实体犯罪和法律实体刑事责任具有某种普遍性。国际刑事审判机构未来的发展趋势，不仅对个人具有管辖权，还应对法律实体行使管辖权。

一　个人国际犯罪的刑事责任

（一）个人国际犯罪的刑事责任的确立

个人刑事责任观念直接源于第二次世界大战后的国际刑事司法

---

① 蒋熙辉：《论公司犯罪的刑事责任构造》，《中国法学》2005 年第 2 期。

② 在建立国际犯罪的刑事责任体系的过程中，国际法曾经面临两个主要的障碍：首先在古典国际法中，国家是唯一的主体。因此，在国际法中建立刑事规范就首先要求承认个人是国际法的主体；其次有必要克服国家对外部干涉的防卫性态度，这种态度根源于主权的概念。二战前，个人除了因为海盗罪或贩卖奴隶罪等国际罪行而承担国际刑事责任之外，在国际法上几乎没有任何地位。例如，侵略战争是国家行为，是国际法上的犯罪，国际法是以国家而不是以个人为主体，应由国家负责，个人只是服从或执行国家的政策命令，没有“个人责任”。

③ 黄风、凌岩等：《国际刑法学》，中国人民大学出版社 2007 年版，第 88—90 页。

④ 第 38 条：“1. 法院对于陈诉各项争端，应依国际法裁判之，裁判时应适用：（1）不论普通或特别国际协约，确立诉讼当事国明白承认之规条者；（2）国际习惯，作为通例之证明而经接受为法律者；（3）一般法律原则为文明各国所承认者；（4）在第五十九条规定之下，司法判例及各国权威最高之公法学家学说，作为确定法律原则之补助资料者。”

实践。纽伦堡审判和东京审判明确追究了个人刑事责任。1946 年联大颁布著名的“纽伦堡原则声明”，确认国际法可以不考虑国内法的规定，直接适用个人刑事责任的原则。随着前南法庭和卢旺达法庭的建立，这些先例得到进一步加强。《ICTY 规约》第 7 条第 1 项和第 23 条第 1 项[①]，以及 ICTR 规约第 6 条第 1 项和第 22 条第 1 项，都规定个人因实施国际犯罪而承担个人刑事责任的原则。《ICC 规约》第 25 条再次重申个人国际犯罪的刑事责任。2006 年 11 月，ICC 审理其成立后第一案，即刚果民主共和国某武装团体领导人卢邦哥征召和使用儿童兵案。其后涉及国际犯罪的国际性刑事法庭，[②] 多次确立国际犯罪的个人刑事责任原则。

在打击和惩治贩卖奴隶、运输和贩卖毒品、灭绝种族等国际罪行而签订的大量国际公约中，均规定对个人国际罪行和相应的国际刑事责任。例如 1926 年《禁奴公约》及其相关法律文件规定，从事奴隶贸易之人要受到刑事惩罚。1948 年《防止及惩治灭绝种族罪公约》第 4 条规定，凡犯灭绝种族罪者，无论其为依宪法负责的统治者、公务员或私人，均应得到惩治。《东京公约》《海牙公约》《蒙特利尔公约》也包含危害国际民用航空安全罪行的个人刑事责任的规定。近年来，各国在打击恐怖主义、反腐败、反洗钱等问题上缔结的公约也规定个人刑事责任（如 1996 年《关于危害人类和平与安全治罪法草案》、1999 年联合国《制止向恐怖主义提供资助的国际公约》、2003 年《联合国反腐败公约》等），亦明确规定个人的刑事责任。

（二）个人（国家元首、政府首脑）国际犯罪行为不豁免原则

国家元首和政府首脑的行为（不论是否为犯罪行为），根据习

---

① 第 7 条　个人刑事责任：“1. 凡计划、教唆、命令、犯下或协助煽动他人计划、准备或进行本规约第 2 至 5 条所指罪行的人应当为该项犯罪负个人责任。”第 23 条　判决：“1. 各审判分庭应宣布判决，并对判定犯有严重违反国际人道主义法罪行的人处以刑罚。”

② 如《塞拉利昂问题特别法庭规约》第 6 条、《柬埔寨法院特别法庭规约》第 2 条、《黎巴嫩问题特别法庭规约》第 3 条等。

惯国际法，被视为国家行为，因而享有外国的管辖豁免权。① 但1945年《纽伦堡宪章》第7条和《东京宪章》第6条取消国家元首刑事起诉的豁免制度，并对德国和日本相关（除日本天皇外）国家元首、内阁成员和外交人员定罪处刑。“纽伦堡原则”第3项，确认“作为国家元首或政府负责官员，从事构成国际法上犯罪行为，而采取行动的事实，不能免除其在国际法上的责任”，从而确立了对国家元首和政府首长的豁免，不适用于对某些国际罪行刑事指控的习惯国际法。②

现代国际法的发展表明，在豁免与国际犯罪的紧张关系中，国际社会将有效和彻底地起诉最严重的国际犯罪置于优先位置，在职豁免有衰减趋势。“在特定情况下，保护国家代表的国际法规则，不适用于被国际法规定并被谴责为犯罪的行为。这些犯罪行为的发起人不能在自己的官方位置下得到庇护，以避免在恰当的程序中受到惩罚……个人具有一些超过各国要求服从的国家性职责的国际义务。……违反战争法的人，虽然是根据国家权威进行行为，也不能获得豁免。”③

1948年《禁止种族灭绝公约》第4条、1973年《禁止种族隔离公约》第3条以及1984年《禁止酷刑公约》第4条、第12条都取消刑事诉讼中国家元首和其他公职人员的豁免制度，而且不论该诉讼是在国家还是国际司法机构进行。1993年ICTY规约第7（2）条与1994年ICTR规约第6（2）条规定，不适用国家豁免制度。

---

① 豁免主要基于两个国际法原则，平等者之间无管辖权和不得干涉他国内政。国际法以条约的方式确认国家元首、政府首脑、外交人员、领事人员和外交使团人员的豁免原则。例如1961年《维也纳外交关系公约》第31条规定：“外交代表对接受国之刑事管辖享有豁免。”

② 《纽伦堡宪章》和《东京宪章》中所包含的国际犯罪是“危害和平罪”“战争罪”和“危害人类罪”。二战后依据国家法进行的国家起诉，都从《纽伦堡宪章》和《东京宪章》寻找法理依据并加以适用（如以色列对艾希曼的审判、法国对杜维耶和帕蓬的审判）。

③ See IMT judgment of 1 October 1946. The Trial of German Major War Criminals. Proceedings of the International Military Tribunal Sitting at Nuremberg, Germany, 1946, p. 55, para. 447（http：//werle. rewi. hu – berlin. de/IMTJudgment. pdf）.

1996 年《关于危害人类和平及安全治罪法草案》第 7 条也规定，“即使以国家元首或政府的身份行事”，也不能免除刑事责任或减轻刑罚。《国际刑事法院规约》明确排除在职豁免制度的适用，[①] 取消犯有“种族灭绝罪”“危害人类罪”以及“战争罪”的所有公职人员的实质豁免和在职豁免制度。

虽然各国国内法院对于国家元首等享有豁免权的人的国际刑事责任的实践尚未形成一致的做法，发展趋势是在国际犯罪案件中，豁免不仅在国际法庭中的审判不适用，而且在国内的审判也不适用。[②] 例如 1999 年塞内加尔的几名原告对乍得前国家元首、前独裁者侯赛因·哈布雷提出刑事控告，罪名是实施谋杀罪和酷刑罪。塞内加尔法官的初审裁定意见是，此案属于塞内加尔管辖权范围。这样的案例包括：委内瑞拉成功地从美国引渡其前国家元首卡罗士·佩里兹·西门内斯，他被指控犯有挪用公款罪；菲律宾试图从美国获得对其前国家元首费迪南达·马科斯的移交，虽未成功，但菲律宾对居住在美国和瑞士的前国家元首的民事案件中实施了财产搜查和扣押。[③] 英国上议院（the British House of Lords）对皮诺切特（Pinochet）案件做出的决定，对这一习惯国际法的发展起了重

---

① 第 27 条：“官方身份的无关性。（一）本规约对任何人一律平等适用，不得因官方身份而差别适用。特别是作为国家元首或政府首脑、政府成员或议会议员、选任代表或政府官员的官方身份，在任何情况下都不得免除个人根据本规约所负的刑事责任，其本身也不得构成减轻刑罚的理由。（二）根据国内法或国际法可能赋予某人官方身份的豁免或特别程序规则，不妨碍本法院对该人行使管辖权。”

② ［美］谢里夫·巴西奥尼：《国际刑法导论》，赵秉志、王文华等译，法律出版社 2006 年版，第 67—71 页。

③ 塞内加尔是 1984 年《禁止酷刑公约》的成员国，因此面临着“或起诉或引渡”的义务。塞内加尔指示法官（Judge of instruction）的初审裁定意见是，此案属于塞内加尔管辖权范围，但法国最高法院的裁决推翻了该裁定。2002 年，此案被重新审核。为数不少的国家管辖权都与国家元首不豁免的制度有关，尽管这些国家主要是指前国家元首的国籍国，但这种努力并不必然导致“或起诉或引渡”的结局。类似案例还包括海地前国家元首“小医生”杜瓦利埃，他在瑞士的资产被扣押。法国最高法院曾认为，利比亚的国家元首阿迈尔·卡扎菲不应被法国起诉，因为他当时是在任的国家元首，因此适用在职豁免的原则。秘鲁尝试从日本引渡前国家元首阿尔伯图·弗吉摩罗。玻利维亚对它的前总统梅萨将军及其数名合作者进行了刑事起诉，罪名与严重违反人权的行为有关。阿根廷审判了自 1976 年至 1982 年间统治阿根廷的 9 名军事指挥官等。

要的推动力。[①] 因此，不再任职的国家元首与其他公职人员，不能因其违反国际刑法的行为而享有实质豁免权。

尽管在2002年刚果诉比利时案中，国际法委员会认可了对在职官员在职豁免制度，判决比利时撤回对刚果前外交部长 Yerodia Ndombasi 以严重违反国际人道法为由向世界发出的逮捕令，[②] 但在职豁免存在两种例外情形：第一，该起诉已得到联合国安理会的批准（这已被《前南斯拉夫国际刑事法庭规约》和《卢旺达国际法庭规约》的法律和实践所证实）；第二，该起诉已由条约做出了规定，例如《国际刑事法院规约》。国内法豁免和国际法豁免的发展趋势是，某些严重的国际犯罪，例如危害和平罪、种族灭绝罪、危害人类罪、战争罪和酷刑罪的豁免已被取消，仅有的例外是对现职的国家和政府首脑、外交部长和外交官的起诉，也仅是对各国国内提起的诉讼而言。[③]

---

① 西班牙提出引渡智利前国家元首奥古斯托·皮诺切特，依据是：其在智利实行军事独裁统治时，指挥下属实施酷刑而犯有酷刑罪，并因此不能获得前国家元首的豁免待遇。英国枢密院认为，英国已采纳了1984年《禁止酷刑公约》的规定，根据习惯国际法、英国法的规定以及英国在国家元首豁免方面的实践，英国有义务同意外国引渡其本国国家元首的要求。枢密院还认为，即使根据智利法律的规定应给予皮诺切特豁免，它对英国也没有约束力，理由是1984年《禁止酷刑公约》规定了“或起诉或引渡”此类犯罪的义务，而该公约已成为英国法的一部分。

② 比利时根据1993年的法律（1999年修订）试图逮捕刚果的一名前外交部长耶罗迪亚，理由是他对卢旺达的公民和居民犯有种族灭绝罪、危害人类罪和战争罪。刚果对比利时提出诉讼，要求国际法院宣布比利时行使这种普遍管辖权违反了习惯国际法和《维也纳公约》有关外交豁免法律的规定。2002年2月14日，国际法院做出判决，认为在职的外国部长享有习惯国际法和传统国际法给予外交人员的豁免权，因此，判决结果对比利时不利。然而该判决重申，对犯有某些国际犯罪的国家元首、外交人员和其他公职人员不适用实质豁免制度。但是，国际法院认为，对享有国际豁免权的在职官员仍然可以适用在职豁免，除非像《国际刑事法院规约》第27条规定的那样，明确排除其适用。如上所述，实质豁免与在职豁免之间的区别已被《国际刑事法院规约》取消，因此与某些国际犯罪有关并负有特定职责的官员不适用实质豁免制度是历史趋势。然而，国际法院的判决已关注了这样的事实：《国际刑事法院规约》第27条以条约为基础，排除对在职豁免习惯原则的适用，即对某些公职人员，包括国家元首、外交人员和其他人（例如负有外交使命出访的内阁成员）也不适用在职豁免。

③ ［美］谢里夫·巴西奥尼：《国际刑法导论》，赵秉志、王文华等译，法律出版社2006年版，第72页。

二　法律实体国际犯罪的刑事责任

法律实体（法人、团体或组织）的国际犯罪的刑事责任，是指法律实体应当成为国际犯罪的主体，并承担刑事责任。对法律实体的刑事责任持肯定观点的学者认为，法律实体不是虚拟实体，而是法律的现实；法律实体有自身与其每一个成员意志相区别的集体意志，虽然对其不能实际运用徒刑或监禁刑，但如果法律实体有自己的资产，至少可以对其科处金钱性质的制裁，如罚金或没收财产；甚至可以判处诸如令法律实体解散的刑罚，而法律实体的解散即意味着终止法律实体的"法律生命"，或者意味着其无从事社会活动的能力。①

普通法系较其他法系更容易依照共谋的观念发展犯罪团体或组织成员的刑事责任的理论，允许对法律实体处以罚金或没收财产，这些实体的决策者也可能会因实体造成的损害而承担个人责任。近年来，由于有组织犯罪集团猖獗，许多大陆法系国家也逐渐接受法律实体能够承担刑事责任的理论并制定关于法律实体刑事责任的规定，这些规定既参照普通法关于共谋观念的模式，也依据参加、计划和实施某些行为相结合的混合模式。②

国际法上确立法律实体（法人、团体或组织）刑事责任主体

---

① ［法］卡斯东·斯特法尼等：《法国刑法总论精义》，罗结珍译，中国政法大学出版社1998年版，第288页。

② ［美］谢里夫·巴西奥尼：《国际刑法导论》，赵秉志、王文华等译，法律出版社2006年版，第74—75页。所谓团体犯罪通常包括三大类型，一是普通法的犯罪共谋，确定这一犯罪类型的主要目的是将犯罪实行行为前的预谋行为确定为独立的犯罪形式，承认共谋故意与实行故意可以成立共同故意；将预谋和实行的组合视为更具威胁性的犯罪；二是大陆法和英美法都有明确规定的共同犯罪，这类犯罪的责任承担方式存在着从属主义和独立主义两大类型，后者与法人犯罪的惩罚原则关系比较紧密；三是有组织犯罪，黑社会团伙的组织性犯罪是有组织犯罪的典型表现。刑法理论通常认为，有组织犯罪的可罚性包括两个方面：一是"自然形成的或可能造成的严重社会危害"，二是"组织本身对社会形成的严重威胁"。以一定的犯罪目的为基础，利用公司法人制度，通过具有合法地位的法人组织实施具体犯罪的行为也具有组合性特征，但属于组合性犯罪的特殊形态，不以共同故意为构成要件。

地位最初的法律依据主要有《纽伦堡国际军事法庭宪章》与远东监控委员会第 10 号法案；[①] ICTR 和 ICTY 的新近审判实践表明，参与法人犯罪的个人应承担相应的国际刑事责任，其法律依据分别是《ICTY 规约》第 7 条[②]和《ICTR 规约》第 6 条[③]。据此，国际性刑事法庭可以追究法律实体（法人、团体或组织）犯罪参与者间接的个人刑事责任，并将其作为团体刑事责任的一部分。[④]

（一）国际法庭追究实体犯罪刑事责任的先例

第二次世界大战后，各国国内审判与纽伦堡审判的实践，标志

---

① 《纽伦堡国际军事法庭宪章》第 9 条规定："在对任何集团或组织的个别成员进行审判时，法庭可以（在被告被判决与该集团或组织的任何行为有联系的情况下）宣布被告所属的集团和组织为犯罪组织。"第 10 条规定："如果某一集团或组织被法庭宣布为犯罪组织缔约国主管当局均有权将从属于某一此类犯罪组织的人员交付其国家法庭、军事法庭或占领区法庭提出诉讼。在此类情况下，该集团或组织的犯罪性质应被认为已经证实，而不应有所异议。"

② 《ICTY 规约》第 7 条个人刑事责任："1. 凡计划、教唆、命令、犯下或协助煽动他人计划、准备或进行本规约第 2 至 5 条所指罪行的人应当为该项犯罪负个人责任。2. 任何被告人的官职，不论是国家元首、政府首脑或政府负责官员，不得免除该被告的刑事责任，也不得减轻刑罚。3. 如果一个部下犯下本规约第 2 至第 5 条所指的任何行为，而他的上级知道或应当知道部下将有这种犯罪行为或者已经犯罪而上级没有采取合理的必要措施予以阻止或处罚犯罪者，则不能免除该上级的刑事责任。4. 被告人按照政府或上级命令而犯罪不得免除他的刑事责任，但是如果国际法庭裁定合乎法理则可以考虑减轻。"

③ ICTR Article 6：Individual Criminal Responsibility：1. A person who planned，instigated，ordered，committed or otherwise aided and abetted in the planning，preparation or execution of a crime referred to in Articles 2 to 4 of the present Statute，shall be individually responsible for the crime. 2. The official position of any accused person，whether as Head of state or government or as a responsible government official，shall not relieve such person of criminal responsibility nor mitigate punishment. 3. The fact that any of the acts referred to in Articles 2 to 4 of the present Statute was committed by a subordinate does not relieve his or her superior of criminal responsibility if he or she knew or had reason to know that the subordinate was about to commit such acts or had done so and the superior failed to take the necessary and reasonable measures to prevent such acts or to punish the perpetrators thereof. 4. The fact that an accused person acted pursuant to an order of a government or of a superior shall not relieve him or her of criminal responsibility，but may be considered in mitigation of punishment if the International Tribunal for Rwanda determines that justice so requires.

④ 蒋娜：《国际刑事责任的多元主体及其启示——以国际刑事责任原则的崭新进展为视角》，《现代法学》2010 年第 1 期。

着国际社会承认实体国际犯罪的主体地位并让实体承担刑事责任。①

国际军事法庭将犯罪实体类比为共谋犯罪。鉴于纳粹犯罪大规模性与系统性的性质，《纽伦堡宪章》的起草者特意设计一种集体承担责任的机制，纽伦堡法庭指出，犯罪组织一定是“紧密结合在一起，并为某一种共同犯罪目的而组织起来的团体，且该团体形成与运作必须与本宪章规定的罪行相关”；但是不包括“那些对组织犯罪目的和犯罪行为不明知的参与人，也不包括那些被国家吸收为该组织者，除非该参与者以组织成员的身份实施了认定为犯罪的行为”。纽伦堡法庭在其判决书中同时指出：法庭“如果认为任何组织或集团符合上述犯罪组织的条件，那决不能仅因为‘组织犯罪’是新的理论，或者因为法庭可能不公正地使用这种理论以后，而迟疑宣告该组织或集团为犯罪组织”。②

最终，纽伦堡军事法庭宣判纳粹党领袖集团、盖世太保和保安勤务处以及德国民族社会主义工人党党卫队为犯罪组织，纽伦堡审判体现实体国际犯罪也应承担刑事责任的原则。纽伦堡国际审判明确判决：“本庭宣告有罪的组织成员，可因该成员个人具有组织成员身份实施的犯罪受到审判，甚至可因此罪被判处死刑。”③

《远东国际军事法庭宪章》中第5条“人与罪之管辖权”规定：“本法庭有权审判及惩罚被控以个人身份或团体成员身份犯有各种罪行包括破坏和平罪之远东战争罪犯”；“凡参与上述任何罪行之共同计划或阴谋之领导者、组织者、教唆者与共谋者，对于任何人为实现此种计划而作出之一切行为，均应负责”。纽伦堡法庭

① 例如，法国1944年8月24日法令将法国刑法典的某些条款延伸适用于敌方犯罪组织或团体，美国军事委员会在1946年《关于审判中国战区中的战争罪犯的条例》中也采用犯罪组织的概念。

② ［美］谢里夫·巴西奥尼：《论国际刑事责任的主体》，王秀梅译（http：//www. criminallawbnu. cn/criminal/info/print. asp？ pkid = 8274）。

③ ［美］谢里夫·巴西奥尼：《国际刑法导论》，赵秉志、王文华等译，法律出版社2006年版，第73页。

宣告集团或组织构成犯罪的经验表明，确立实体犯罪国际刑事责任并非国际司法实践的障碍。

（二）规定或承认法律实体国际犯罪主体及刑事责任的国际条约

联合国大会1973年《禁止并惩治种族隔离罪行国际公约》第1条规定："种族隔离是危害人类的罪行，……凡是犯种族隔离罪行的组织、机构或个人即为犯罪。"

2000年《联合国打击跨国有组织犯罪公约》第5条"参加有组织犯罪集团行为的刑事定罪"，将有组织参加犯罪集团的行为如洗钱、腐败等定性为刑事犯罪，该公约《议定书》将有组织贩运人口特别是妇女和儿童的行为，以及偷运移民的行为定性为刑事犯罪，公约第10条特别规定"法人责任"，认为法人对上述犯罪行为承担刑事责任，而且组织或团体责任不应影响实施此种犯罪的自然人的刑事责任。

2000年《制止向恐怖主义提供资助的国际公约》第2条和第5条规定，应追究向恐怖主义提供资助的法律实体的责任，这些责任可以是刑事、民事或行政责任，承担这些责任不影响实施罪行的个人的刑事责任。《联合国反腐败公约》第26条"法人责任"规定法人参与犯罪应当承担的责任，包括刑事责任、民事责任或者行政责任。[①]

第二节　政府团体刑事责任的刑事法依据

一　政府刑事责任主体地位

适用政府犯罪团体刑事责任，必须建立在政府能被视为可能受

① 第26条　法人责任："1. 各缔约国均应当采取符合其法律原则的必要措施，确定法人参与根据本公约确立的犯罪应当承担的责任；2. 在不违反缔约国法律原则的情况下，法人责任可以包括刑事责任、民事责任或者行政责任；3. 法人责任不应当影响实施这种犯罪的自然人的刑事责任；4. 各缔约国均应当特别确保使依照本条应当承担责任的法人受到有效、适度而且具有警戒性的刑事或者非刑事制裁，包括金钱制裁。"

到处罚法律实体的前提之上。

政府的组织性与独立性，首先是基于“整体主义方法论”的立场，认为政府相对于构成政府的成员个人具有组织性，不能将其视为政府成员个人的总和（就如同一台钟表和一堆可以构成该钟表的所有零部件，参见本书第三章导言部分有关方法论的个体主义和整体主义的介绍）。其次是以“社会契约论”为基础，认为国家和政府分别来源于，人民建立国家的合意性契约和人民将国家交由政府管理的委托性契约（参见本书第四章第一节有关“国家”与“政府”的联系与区别的论证），政府相对于国家具有独立性。

政府需要承担对内对外责任，是人格化的社会系统，将政府理解为界于个人和国家之间的一种集体形式，有独立的行为和意志形成体系，能够承担相应的法律权利和义务，可以视为法律实体。

而将某一犯罪归咎于某一法律实体，需要从犯罪行为和犯罪意图两方面着手。政府团体国际刑事责任的前提，是存在可归于政府国际犯罪行为（参见本书第二章第二节可归于政府的犯罪行为和第三章第二节政府犯罪犯罪构成的物质性因素），而政府国际犯罪行为应当以政府的组织结构、意思决定过程等作为判断的基础。只有推定的政府国际犯罪行为和与之相对应的推定的政府犯意同时存在，才能对政府归责，不同犯意的推定标准各有不同。政府的犯意根据以下事实来判断：（1）政府鼓励、促进犯罪行为的政策和习惯；（2）政府允许犯罪行为的措施；（3）对犯罪的明示或者暗示的命令、许可、同意或支持。政府的犯罪意图以政府允许或默认犯罪行为等事实为基础（参见本书第三章第三节政府国际犯罪构成的心理性因素）。

尽管国家与政府不是同一概念，政府国际犯罪不等于国家犯罪，但是如果法律实体的犯罪理论可以类推或移植到国家犯罪问题的研究中，将国家当作“法律上虚拟的人”，从而证明国家犯罪与对国家进行刑事处罚的合理性；那么政府“独立意志”的存在和对国有资产的控制（并非所有），使政府整体可能被视为可受到处罚实体的前提得以成立，实体犯罪理论亦可适用分析于政府国际犯罪的情势。

二　政府国际犯罪的双罚制

政府国际犯罪是作为一个系统整体实施犯罪的，因此也应当由一个整体承担刑事责任。迄今为止，根据刑法原理及其刑事判例，双罚制①被认为是惩治实体犯罪最为合理、有效的处罚制度。双罚制是指对法律实体犯罪，既处罚实体中的自然人，同时也处罚实体。双罚制摒弃了代罚制和转嫁制的弊端，是对法律实体科刑的完善，能更好地达到刑罚的目的，有效地预防犯罪。

政府国际犯罪的双罚制是指惩罚政府整体，同时又惩罚作为政府成员的自然人，政府的刑事责任既由组成人员承担，也由作为整体形式的政府自身承担。

政府犯罪刑事责任主要包括三方面内容：第一，政府应对其构成国际犯罪的行为承担整体的国际刑事责任；第二，政府国际犯罪行为的实施者（成员）应承担直接的个人刑事责任；第三，政府机构中的上级对其控制下的下属或根据其指挥或要求而实施的国际犯罪，承担间接的个人刑事责任。

政府国际犯罪实行双罚制的理论根据是：政府通过其成员的意志与行为实施犯罪；但政府又不是成员简单地累加，在多数情况下，政府罪过和行为都是其成员罪过和行为按一定的决策程序和实

---

①　综观承认法人犯罪的各国立法例，法人犯罪的刑事责任方法可以归纳为：转嫁制（代罚制）、直接处罚制、双罚制。转嫁制（代罚制）是指对法人犯罪，仅处罚法人实体的相关自然人，是由法人中的某些自然人代替法人来承担刑事责任，接受刑罚处罚。直接处罚制，是指对法人犯罪，仅处罚法人组织本身，而不处罚法人中的自然人，由法人本身承担刑事责任并接受刑罚处罚。这一原则是基于“仆人过错主人负责”民事侵权归责原则的推演。直接处罚制强调了法人的整体性。双罚制是指对法人犯罪既处罚法人中的自然人，同时也处罚法人。双罚制摒弃了代罚制和转嫁制的弊端，是对法人科刑的完善，能更好地达到刑罚的目的，有效地预防犯罪。当今世界均普遍采用这种处罚法人犯罪的刑罚制度。

施方法间接形成的结果，因此政府的罪过与行为又与其自然人成员的罪过和行为紧密结合，共同构成政府国际犯罪的整体。政府国际犯罪双罚制的基础不是连带责任论，是同一犯罪在个体形态与整体形态上有两种表现，体现为以自然人成员的罪过产生的行为实施为肇因，以政府行为实现国际刑事违法为结果。①

政府行为与国家行为之间的关系一般表现为两种形式：一是可归于国家的行为，二是超越国家授权范围的行为。政府的刑事责任不仅不能被个人刑事责任所替代，而且也不能将其应承担的刑事责任转嫁给国家。因此，只要存在政府承担国际刑事责任的可能性，就应在国际刑法理论中探讨政府国际刑事责任的确立问题，进而在国际刑事审判中确认其应有的国际刑事责任。

三 团体刑事责任的两种解读

政府国际犯罪整体刑事责任无疑是一种团体刑事责任，“团体刑事责任”有两种解读。

（一）无差别的整体性惩罚

“团体刑事责任”的第一种解读是国际法禁止的，不分青红皂白的普遍性惩罚或整体惩罚。例如，第一次世界大战后，根据国际联盟的命令，将萨尔地区从侵略国德国分离，违背了当地德意志血统居民的意愿；其后十五年里，作为惩治德国的一种手段，大约65000名左右的当地居民遭受法国严重的干涉，不允许参与本地政府事务，就有团体刑事责任的味道。再如以色列对巴勒斯坦定居点强制性拆除，被认为是违反国际人权法和国际人道主义法的禁止整体惩罚行为。

（二）法律实体的过错责任

“团体刑事责任”的第二种解读是法律实体必须因其过错而承担责任。基于集体心理和集体意志有关整体论表明，每个人类群体

① 赵星：《单位犯罪双罚制问题研究》，《国家检察官学院学报》2008年第2期。

具有有别于其成员的感情反应。这种整体责任不同于历史上存在的连带责任等古老的团体责任。古老的团体责任将责任泛化，有违刑法公正与罪责自负原则。对那些明显带有组织性或团体性的实体犯罪，整体责任观念是一种哲学辩证法上的否定之否定的阶段。如前文所述，法律实体刑事责任的发展得到国际和国内法律制度确认。

显然，主张反对国家犯罪和国家刑事责任的学者认为，国家刑事责任是这种普遍性惩罚或整体惩罚，赔偿由全体公民负担，由于普通个人在国家对外犯罪中基本处于被驱使的地位，在国家对内犯罪中可能处于被压迫的地位，所以个人与国家一起就国家的某些行为共同承担刑事责任，违反法律的正义原则。国际法禁止因集体或非个体的基础惩罚个人，个人只因他们亲自犯下的罪行而受惩罚，个人或团体不得因他人犯下的罪行而受到惩罚。① 以 1907 年《海牙陆战公约》第 50 条②规定为例：不得因为个人行为，对居民给以任何罚款和其他刑事的普遍性惩罚，居民对个人行为不承担连带或独立责任。1949 年日内瓦第 4 公约第 33 条，被保护人无论男女不得因非本人所犯之行为而受惩罚。整体惩罚及一切恫吓恐怖手段，均所禁止。ICTR 规约第 4 条第 2 项明确规定，整体惩罚是可以通过法庭起诉的犯罪行为。

第二种团体刑事责任的理念也曾用以证明国家刑事责任的合理性，国家作为抽象实体，当统治者的行为给他国造成损害时，人民应为国家统治者的行为负责。③ 国家的集体意志通过其宪法机关表

---

① Shane Darcy, "Prosecuting the War Crime of Collective Punishment: Is it Time to Amend the Rome Statute?" *Journal of International Criminal Justice*, Vol. 8, No. 1, March 2010.

② 原文为：Art. 50. No general penalty, pecuniary or otherwise, shall be inflicted upon the population on account of the acts of individuals for which they cannot be regarded as jointly and severally responsible。

③ Farhad Malekian, *International Criminal Responsibility of States: A Study on the Evolution of State Responsibility with Particular Emphasis on the Concept of Crime and Criminal Responsibility*, Stockholm: University of Stockholm, 1985, pp. 50 - 51.

达，使每一个人因此受到惩罚的威胁，以震慑国际犯罪，即“通过惩罚罪行的决策者和指挥者实现打击国际犯罪的活跃因素，对整个国家施加适当的惩罚，实现打击对国际犯罪起消极作用的全体国民”①。

但是，联合国的经济制裁往往影响整个国家人口，特别是穷人；国际社会对某国集体制裁的目的，是鼓励一个国家的时任政府改善本国公民的待遇，或者停止对外的不法行为，而制裁往往对无辜者比有罪者的打击更大，所以即使以最温和的形式应用国家团体刑事责任，也必然造成对许多无辜者的处罚，所以其饱受批评。

四　政府团体负国际刑事责任的意义

纽伦堡审判中，法庭指出政府参与是危害人类罪的重要要素，只有政府参与，这种犯罪才能实现国际规模。德罗斯特（Drost）教授认为，确立政府的集体责任才能有效地维护和平与安全。因为国家犯罪是由国家机关和成员以官方权力并且在行使国家权力的过程中实施的，所以，官方的命令构成国家犯罪的一个基本要素。②单纯的个人要进行大规模的侵略战争、种族隔离、推行奴隶制等犯罪几乎不可能。追究政府的整体责任，是由于政府掌握国家公权力，政府犯罪往往比个人犯罪和普通的团伙犯罪对国际社会具有更大的危险性和危害性。

在国内法体系中，公司责任导致对公司所有者的经济制裁，股东因他们代理人的行为受到整体惩罚。而这些所有者可能在公司犯罪行为中没有发挥任何作用，甚至毫不知情。国家与公民的关系可能会比作公司与股东的关系，但大多数公民不能像股东一样，与公司（国家）轻易地脱离关系。对外，全体国民主动或被动支持国

---

① Nina H. B. Jorgensen, *The Responsibility of States for International Crimes*, Oxford: Oxford University Press, 2000, p. 169.

② Pieter N. Drost, *The Crime of State*. Vol. I Humanicide, Leyden: Sijthoff, 1959, p. 301.

家国际犯罪行为，例如侵略，或多或少是受到政府的煽动和蛊惑；对内，政府以国家名义的国际犯罪行为，即犯下针对本国公民的罪行（对于公司来说是通常不会针对自身犯罪），例如种族隔离。在上述情况下，遭受欺骗或威吓而屈服于政府的国民与主犯一起承担责任，包括国际刑事责任，国民就会受到双重伤害。

尽管凯尔森在《经由法律达至和平》一书中主张，针对国家的报复性制裁和战争具有同样的效果，其中包括那些没有参与犯罪行为或者是没有能力阻止犯罪发生的人；但他同时指出国家为其行为负责是指国家主体为国家机构行为负集体责任的状态。[①] 同样，德罗斯特提出，也许基于政治、经济、社会以及从正义和公平的道德方面考虑，对国家犯罪的整体惩罚对受害方/国是可以接受的；但他引用了格劳秀斯的观点，臣民不因统治者的罪责受到惩罚，因为他们没有为统治者的债务承担责任的能力。这种由道义上强加在对犯罪行为无能为力的个人身上的整体惩罚，既不能形成个人正义，也不符合任何社会预防的目的。[②]

在这样的情况下，应用政府国际犯罪为犯罪组织的模式，追究政府的国际刑事责任，以确保尽可能多的无辜者免予惩罚。政府国际犯罪的刑事责任并非欠缺道德基础，相反建构在现代政治伦理的基础之上。尽管政府也是抽象实体，但较之整个国家全体公民却是少数。政府应负团体刑事责任，为避免过分地惩罚全体国民，至少在道义上应该准备“为了人民而牺牲政府，绝不是为了保存政府而牺牲人民”[③]。

追究政府团体刑事责任是在寻找理想与现实之间的一种平衡。制裁首先是针对政府整体作为国家代表而做出；其次以宣布政府犯

① Hans Kelsen, *Peace Through Law*, New Jersey: The Lawbook Exchange, Ltd. 2001, p. 73.

② Pieter N. Drost, *The Crime of State*. Vol. I Humanicide, Leyden: Sijthoff, 1959, p. 262.

③ ［法］卢梭：《社会契约论》，徐强译，九州出版社 2007 年版，第 141 页。

罪的方式来实现对国家的处罚，使新成立的合法政府开始执政，从而可以避免对全体人民集体惩罚的弊端。[①] 再次，既然个人不能因为遵照政府的命令而免除国际刑事责任，那么发布命令的政府也应该承担相应的责任。在政府国际犯罪的特定情况下，团体刑事责任的确立，或者至少团体刑事责任实现的可能性，是打击国际犯罪的有效手段。最终，国际社会存在一些共同价值，其重要性超越了个别国家的利益，因此必须由国际社会以集体行动方式进行保护。破坏国际社会利益的责任，不能只限于简单的赔偿或赔款，应由国际社会做出决定，不仅宣布相关国家的政府是“违法者”，而且认定其是“犯罪者”，显然如此更有利于政府对其“国家行为”进行自律。[②]

第三节　成员个人刑事责任的刑事法依据

一　成员个人负刑事责任的历史回顾

国际军事法庭认为在团体或组织中仅仅因为成员身份而对其施加刑事责任，是一种“涉及面广且新颖的审判程序，没有适当的保证条款，该程序的适用可能导致公正失衡”[③]。所以纽伦堡审判不仅强调团体或组织的违法性，而且强调个人在组织犯罪中的有责性，但是如何透过组织或团体有罪性使犯罪者接受恰当的刑罚，使无罪者免予刑事处罚，这是国际刑事审判引入犯罪集团概念亟待解决的问题。[④]

国际军事法庭界定犯罪集团或组织时，“不包括那些对组织的犯罪目的和犯罪行为不明知者以及被国家吸收为该组织者，除非行

---

① ［美］谢里夫·巴西奥尼：《国际刑法导论》，赵秉志、王文华等译，法律出版社2006年版，第71页。

② M. Cherif Bassiouni, *International Criminal Law*, New York: Transnational Publishers Inc., 1999, pp. 239 – 253.

③ ［美］谢里夫·巴西奥尼：《国际刑法的渊源与内涵——理论体系》，王秀梅译，法律出版社2003年版，第31页。

④ 黄风、凌岩等：《国际刑法学》，中国人民大学出版社2007年版，第92页。

为人以组织成员身份实施构成犯罪的行为……”[①] 在国际军事法庭中，仅仅作为犯罪集团成员不足以因身份而产生刑事责任。国际军事法庭既要求个人实施了犯罪行为，也要求明知自己是实施犯罪组织的成员。在判决德国民族社会主义工人党党卫队为犯罪集团，宣布参与该集团实施犯罪的行为人是犯罪集团成员时，国际军事法庭补充：“那些在明知的情况下成为或坚持被利用实施犯罪的人……或者那些在实施犯罪过程中，明知是以该组织成员身份实施犯罪的人……”国际军事法庭在认定其他集团为犯罪集团时重申了这个观点。

二　成员个人国际刑事责任的基础

在政府国际犯罪中，政府成员个人如果仅因其成员身份而被施加国际刑事责任，违反了被大多数法律制度普遍接受的刑事责任原则（类似极端有罪推定）。政府成员的个人刑事责任来自其在政府犯罪中的作用，即罪过。

政府国际犯罪是由相关个人促成的，如果不是相关个人利用政府所赋予的职权，促成或者容许政府的犯罪决意，实施政府国际犯罪行为，政府国际犯罪就无由发生。政府成员在政府国际犯罪中的作用包括：形成促使政府国际犯罪的决意，促成（或者容许）政府意志机关通过政府国际犯罪决策，制订、实施犯罪行动计划，指挥、执行该计划，完成犯罪（参见本书第三章第二、三节有关犯罪构成的物质性和心理性因素的论述）。[②] 相关成员个人的行为将

---

① ［美］谢里夫·巴西奥尼：《国际刑法的渊源与内涵——理论体系》，王秀梅译，法律出版社2003年版，第32页。

② 刘晓军：《一个单位犯罪、两个犯罪构成——双罚制理论依据新探》，《政治与法律》2001年第3期。在这一过程中，政府成员明知自己的行为会引起政府国际犯罪这一结果，却希望、放任该结果的发生，而其直接责任人员明知其行为会使政府国际犯罪得以实施、明知其行为将会成为政府的犯罪行为，却仍然追求或者放任其犯罪行为。政府成员的行为引发政府国际犯罪都应是明知的，对这一结果，他们至少是一种放任态度。对促成政府国际犯罪，他们主观上是故意，如果因为有关主管人员对工作严重不负责任、疏于管理而导致下属实施政府国际犯罪的，该主管人员应承担间接的刑事责任，其直接责任人员则符合陷政府于犯罪境地之犯罪的条件，应以此对之追究刑事责任。

政府陷于犯罪境地。因而政府成员犯罪的成立必然依赖于政府国际犯罪的成立；在犯罪行为上，政府国际犯罪行为着手于政府形成犯罪决策之后，而其政府成员的行为着手于其个人形成促使政府国际犯罪的决意之后，其直接责任人员的行为则着手于其开始实施政府国际犯罪行为时。①

政府国际犯罪的双层结构，由政府系统整体结构的特殊性和复杂性所决定，政府成员负刑事责任，并不是追究政府刑事责任的必要条件，恰恰相反，政府构成犯罪，才是追究政府成员刑事责任的依据和必要前提。由于政府是一个多层次的系统，在政府国际犯罪中，必须根据具体的政府犯罪活动所涉及的时空范围来确定，由哪一个层次的政府系统和相关成员作为犯罪主体承担刑事责任（这些问题留待今后研究）。

三　成员个人负国际刑事责任的意义

追究政府成员的个人刑事责任，基于以下两个假设：首先每个政府成员将为避免政府国际犯罪情势的出现而发挥作用，这种条件可以被描述为行为的理性。其次，政府的犯罪行为对每个成员都有影响，而政府成员的行为对政府的行为有影响，这种条件可以被描述为行为的相互性。②

因此，要使政府成员从政府国际犯罪中却步，必须满足以下附加条件。（1）国际社会必须能够查明相关犯罪活动，这种条件具

① 他们的具体行为表现也大不相同，政府国际犯罪行为表现为政府中所有参与犯罪的成员的行为整体；主管人员的行为则表现为提出政府国际犯罪建议，促成、同意政府的犯罪决策，指挥政府国际犯罪；直接责任人员的行为表现为积极实施政府国际犯罪决策下全部或主要犯罪行为，或者消极地不去实施政府应有的义务。

② 政府成员的身份具有双重性：国家公职人员与国家公民。这种双重身份，决定他所背负的必然是双重性法律义务。作为国家公职人员，应尽其所能，履行职责。同时作为国家公民，又不能损害国家利益。而政府成员明知自己的行为会使政府形成犯罪决策或明知自己执行政府某些决策将使政府完成犯罪行为，在能够选择放弃其行为的情况下，选择损害国家利益，违反国际强行法，促成和放任政府国际犯罪的实施。

有犯罪的可测性的特点；（2）政府必须完全预期将因犯罪行为而受到惩罚，这一条件即司法的可靠性；（3）从功利主义的角度，处罚严重程度对每一个政府成员而言，惩罚带来的（主观）负效用，超过参与（漠视）犯罪的（主观）效用，从而导致参与犯罪的（主观）效用的损失；这一条件可视为处罚的有效性条件。总的来说，这三个条件能够起到足够的阻却作用，避免理性的政府和政府成员从事和纵容国际犯罪。①

因此追究政府成员的个人刑事责任的意义在于，加强国际司法的可靠性；避免政府成员认为无论是现在和未来，国际社会因政府国际犯罪的团体性，使得成员身份难以辨识，参与或纵容犯罪的个人免于处罚可能性较大。如果国际司法的可靠性不存在，犯罪的可测性和处罚的有效性条件将失效；将损害整个政府国际犯罪的遏制体系。简而言之，从刑罚的功利角度来看，追究政府成员个人的刑事责任，是遏制政府国际犯罪的有效途径。

本章小结

政府是不同于国家的实体，政府对国家和人民负有道义上的责任。政府虽然是集体概念，但较之整个国家的全体公民仍为少数。追究政府刑事责任，可以避免惩罚全体国民的风险，尽可能避免对无辜者或可能无辜者的刑事处罚，使制裁更具针对性，力求实现国际司法的有效性和公正性。

“政府国际犯罪”是政府整体和政府成员个人意志和行为共同作用的结果，因此双罚制应作为惩治政府国际犯罪合理而有效的处罚制度。一方面，由于政府具有自身整体意志和行为，从而也具有犯罪能力和刑事责任能力。不能把政府整体的意志和行为，归结为

---

① Irwin Lipnowski, “A Partial Rehabilitation of the Principle of Collective Punishment”, *Canadian Journal of Law and Society*, Vol. 8, No. 1, Spring 1993.

任何个人的意志和行为，也不能把政府国际犯罪归结为个人犯罪。在此情势下，引入团体刑事责任，以实现政府成员官方身份不明时的司法可靠性。

另一方面，政府是由自然人组成的有机整体。政府的行为是通过自然人行为实现的，为了有效地遏制政府国际犯罪，除了必须追究政府整体的刑事责任外，在政府系统内部，对那些在政府国际犯罪中起重要作用和负有重大责任的政府成员，也要追究个人刑事责任。他们负刑事责任的根据，是他们在政府整体犯罪中的心理性因素（故意和明知）和物质性因素（作为和不作为）中所起的作用，以及由此决定他们在政府国际犯罪中应负的责任。所以单罚制，不论是转嫁制（代罚制）还是直接处罚制，要么只惩罚政府整体，要么只惩罚作为政府成员的自然人（目前的普遍做法），其结果是犯罪主体与刑罚主体不一致，犯罪的实施者不是刑罚的承担者，违背了罪责自负原则。

第七章 政府国际犯罪国际刑事责任追究机制

完整的国际犯罪遏制体系可以分为犯罪发生前的预防机制（防止犯罪的发生）、犯罪发生中的干预机制（防止损害结果的发生和扩大）和犯罪发生后的责任追究机制。国际犯罪责任追究机制有广、狭两种含义，[①] 前者是全面和整体地处理过去的暴行遗留下来的问题（包括对受害者的安抚，如补偿和重建方案，建立纪念碑，并组织适当的纪念活动等）；后者集中于罪行和犯罪者的问责机制。[②] 对罪行和犯罪者的问责机制可以分为司法审判方式和非司法审判方式，司法审判方式又可分为国际层面和国家层面的问责体系或司法审判体系。[③] 对犯罪者（主要是个人）可以选择处罚和豁免，处罚的方式又分为刑事处罚（承担刑事责任）和非刑事处罚（民事和政治处罚，如国家祛除机制）。[④]

---

① ［美］谢里夫·巴西奥尼：《国际刑法导论》，赵秉志、王文华等译，法律出版社2006年版，第462—492、610—624页。

② Neil J. Kritz, "Coming to Terms with Atrocities: A Review of Accountability Mechanisms for Mass Violations of Human Rights", *Law and Contemporary Problems*, Vol. 59, No. 4, Autumn 1996.

③ Beth Stephens, "Accountability for International Crimes: The Synergy between the International Criminal Court and Alternative Remedies", *Wisconsin International Law Journal*, Vol. 21, No. 3, Fall 2003.

④ Ved P. Nanda, "Civil and Political Sanctions as an Accountability Mechanism for Massive Violations of Human Rights", *Denver Journal of International Law And Policy*, Vol. 26, No. 3, Spring 1998.

国际犯罪具体的责任实现方式有国际起诉、国际和国家调查委员、真相委员会、国家起诉、国家祛除机制、民事救济以及补偿被害人机制。在国际犯罪责任机制的实验过程中，国际社会尝试过几种主要模式：前南斯拉夫国际法庭和卢旺达国际法庭的国际司法审判模式；柬埔寨和塞拉利昂的混合司法审判模式；国家司法审判模式，以伊拉克和埃塞俄比亚为代表；南非处理种族隔离制度的遗留问题的真理与调解委员会准司法审判模式；非司法审判模式，例如海地、萨尔瓦多和危地马拉的实践；全球模式，即通过国际刑事法院的实践体现。

政府国际犯罪的国际刑事责任机制，是指依据国际法，以国际合作的方式，遏制政府国际犯罪发生的机制，包括预防机制、干预机制和责任追究机制。政府国际犯罪的国际刑事责任追究机制，是指依据国际法，以国际司法审判方式，追究犯罪者的刑事责任的体系。

理论上，追究政府国际犯罪国际刑事责任，既无悖于以国际主权与平等和不干涉内政为代表的国际法的一般原则，又能满足刑事法的合法性要求。“一个法律制度若不能满足正义的要求，那么从长远的角度来看，它就无力为政治实体提供秩序与和平。另一方面，如果没有一个有序的司法执行制度来确保相同情况获得相同待遇，那么正义也不可能实现。”① 实践中，实现政府国际犯罪国际刑事责任充满挑战，命题宏大，限于本书的主题和篇幅，仅对政府国际犯罪的国际刑事责任机制进行框架性分析。

第一节　责任追究机制的目标与困境

一　价值目标

政府国际犯罪具有以政府政策为指导、违反国际强行法、威胁

---

① ［美］埃得加·博登海默：《法理学——法律哲学与法律方法》，邓正来译，中国政法大学出版社 1999 年版，第 318 页。

国际社会根本利益并造成严重后果、被整个国际社会公认为犯罪的特征。因此政府国际犯罪的刑事责任追究机制框架设计的理想状态，不仅是借助国际和国家起诉、审判和处罚政府犯下的种族灭绝罪、种族隔离罪、危害人类罪和战争罪；还是建立在尊重历史的基础之上，借鉴和创新已有的国际犯罪的国际刑事责任追究机制，实现揭示真相、实现正义、平息冲突和进行救济，并面向未来的目标。

完善的政府国际犯罪的刑事责任追究机制，应该直接或间接地实现以下目标：（1）通过报应型与矫正型司法，使违法者承担刑事责任、接受处罚，以减少被害人的报复需求，停止杀戮、促进和平；（2）提供被害人某些形式的救济，在物质上和道德上对被害人所遭受的伤害和损失进行补偿；（3）通过强化社会价值认同、重建司法机关体系，加强预防犯罪的作用；（4）记录历史，见证社会现实，恢复因政府国际犯罪而错乱的社会控制机制，并教育青少年。①

二　现存困境

（一）成员个人刑事责任实现的困境

基本建立追究个人刑事责任的体制框架和程序，是国际社会打击最严重国际犯罪的一大进步。追究个人对最严重国际犯罪的刑事责任，是在国际法价值追求与国际社会政治现实之间妥协的产物，是在冷战结束后全球化如火如荼的发展进程中，在巴尔干地区和某些非洲国家悲惨形势和不可名状的灾难和痛苦中，政治化和道德化之间平衡的无奈的选择。

个人刑事责任的执行主要是由超国家层次的各类国际性刑事法庭或国际刑事法院直接负责的执行制度（调查、逮捕、起诉、审

---

① ［美］谢里夫·巴西奥尼：《国际刑法导论》，赵秉志、王文华等译，法律出版社 2006 年版，第 636 页。

判和执行）和间接执行制度（由各缔约国对某些国际犯罪通过将国际条约规范转化为国内立法，并依照国内刑法进行起诉、审判和执行）。但是在个人刑事责任实现模式的选择、刑事制裁与非刑事制裁之间的配合，以及处罚与豁免之间的衡量，仍有待进一步发展。

（二）政府团体刑事责任实现的困境

较之实现个人刑事责任，实现政府团体刑事责任困难更大。国际犯罪刑事责任主体分为个人和法律实体，前者争议较小，制度确立较为完善，而后者（如公司、政府、国家、非国家行为者、国际组织和 NGO 等）则存在较大争议。[①][②]

首先，尽管纽伦堡审判实践中存在对纳粹党领袖集团、盖世太保和保安勤务处等认定为犯罪组织的先例，国内法已经形成较为完善的追究法律实体刑事责任的机制，有关国际犯罪的条约也规定团体或组织犯罪及承担刑事责任的条款；但本质上讲，国际社会远不具有产生类似国内法那样的刑事制度的条件，任何国际法庭也没有被授予可以宣布政府有罪的管辖权，现存国际社会缺乏实施审判和惩罚犯罪政府所需的基本结构、制度以及共同意志；而在具有影响力的国际审判中，仅对个人具有管辖权，还未实现对法律实体行使管辖权。

其次，追究政府团体刑事责任存在极大风险。其一，可以用来作为一种政治武器的危险。在某些情况下，如果被指控犯罪的政府是由一个国家或几个有共同目标的国家来裁决，就可能为它们进一步的政策利益而利用和滥用，并有歧视和刁难其他国家的风险。其二，可能会损害而不是加强国际政治与法律秩序。例如，一国政府

---

① Andre Nollkaempe, "Systemic Effects of International Responsibility for International Crimes", *Santa Clara Journal of International Law*, Vol. 8, No. 1, January 2010.

② Marina Spinedi, "State Responsibility V. Individual Responsibility for International Crimes: Tertium Non Datur?", *European Journal of International Law*, Vol. 13, No. 4, September 2002.

被指控犯下的种族灭绝或种族隔离，对其实施的各种制裁，会导致国家秩序崩溃和社会结构解体，加深内部冲突，继而日益严重地威胁国际和平与安全。

但是为了更好地应对大规模的残酷暴行，推动国际刑事司法机制的进步，在很大程度上取决于超越仅仅追究个人刑事责任的障碍，在互补的框架内整合个人和团体刑事责任，使之能遏制导致国际犯罪发生的诱因。[①] 所以问题是：（1）何种体制框架内或国际机构具有确定某一政府对犯罪行为负责的地位；（2）政府整体的刑事责任如何实现；（3）如何建立一整套合适的个人和政府之间的责任追究机制（主要但不仅仅是刑事责任）。

第二节　政府犯罪国际刑事责任追究机制的架构

整个20世纪，有超过1亿人死于本国政府手中，尽管个案中有所不同，德国、刚果、柬埔寨、南非、南斯拉夫、伊拉克、卢旺达、乌干达……，尽管政治仍然是国际社会应对暴行的核心力量，但是来自国际社会的反应，已从20世纪初的漠视，转变为21世纪初建立以法律为底线，贯穿政府和外交的混合机制。[②]

根据政府国际犯罪的双层结构和特征，政府国际犯罪双重刑事责任体系是较个人刑事责任更全面的做法，即使没有直接参与，却为大规模暴行提供了便利的政府的团体责任，又排除了国家责任涉及无辜民众的弊端。国际社会建立施加政府国际犯罪责任追究机制的权威性和独特的体制框架，应首先考虑现有国际机构在确认政府国际犯罪和实现政府国际犯罪国际刑事责任中发挥的作用，再考虑

---

① Andre Nollkaempe, “Systemic Effects of International Responsibility for International Crimes”, *Santa Clara Journal of International Law*, No. 8, No. 1, January 2010.

② David M. Crane, “The Bright Red Thread: Politics, Justice, and Accountability and International Crimes”, *American Society of International Law Proceedings of the Annual Meeting* (*American Society of International Law*), Vol. 102, No. 9, April 2008.

在此基础上，建立一整套适合个人和政府的双重刑事责任的追究机制。

一　现有国际机构可能发挥的职能

（一）联合国安理会的作用

1. 建立实现司法职能的附属机构

联合国安理会主要是政治机构，根据《联合国宪章》第 7 条第 2 款“联合国得依本宪章设立其认为必需之辅助机构”；第 22 条和 29 条规定，大会和安理会得设立辅助机构以履行其职责。因此安理会根据宪章第七章的授权，出于“国际和平与安全”计，为维护和平的目的，建立具有司法职能的附属机构。安理会在第 808 号和 955 号决议中，分别成立前南斯拉夫（ICTY）和卢旺达国际刑事法庭（ICTR）。

以卢旺达国际刑事法庭为例，针对被告辩护律师关于“卢旺达局势不存在对和平之威胁”的辩护意见，法庭认为，卢旺达局势对国际和平与安全构成威胁的主要理由是：第一，大量卢旺达难民的涌入，威胁邻国的和平与安全；第二，卢旺达本国灭绝他族的种族如果与他国有类似倾向的种族联合行动，存在威胁该地区和平与安全的风险；第三，“和平”不仅仅是没有战争，还包括为实现民族和解的状态，起诉种族灭绝罪及其他严重违反国际人道主义法犯罪的责任者（安理会设立卢旺达国际刑事法庭的决议中提到上述目标）。①②

2. 初步确定局势并采取必要的行动

政府国际罪行的性质意味着安理会在初期介入的可能性。安理会对于破坏和平及对和平构成威胁的情形采取应对措施，

---

① 洪永红：《试论卢旺达国际刑事法庭的合法性》，《西亚非洲》2008 年第 9 期。

② 张颖军：《从纽伦堡审判到国际刑事法院——国际刑事司法的法人责任研究》，《武汉大学学报》（哲学社会科学版）2008 年第 61 卷第 6 期。

首先要依照该宪章第七章第39条裁定是否出现对和平的威胁或破坏的情形。以1990年海湾危机和洛克比事件为例，实践中安理会确实负有调查的责任，并做出建议或抉择依《联合国宪章》第七章第41条及第42条规定之办法，以维持或恢复国际和平及安全。

安理会常常因有倾向地选择行动，缺乏有效手段，对相似情况的决策没有统一标准，对严重的国际犯罪行为采取经济、政治或军事措施动机的国际法依据不足，对实际行动缺乏合法性审查等缺陷，招致批评。但目前安理会根据联合国宪章第七章采取强制行动似乎是使政府国际罪行停止的最好处置。通常的做法是，安理会对可能破坏国际和平与安全的情势进行评估：在及时做出反应的必要性，以及责任需要先搁置一边，以及满足维护和平与维持秩序的需要之间做出权衡。

自冷战结束以来，安理会的职权明显得到扩展，最近的实践表明，在一定情况下严重国际犯罪行为，以作为附属机构的前南斯拉夫和卢旺达法庭为例，安理会的处置方式向着进行有组织反应的方向发展，以使现有机制适应国际罪行的概念。国际罪行的责任应当由司法而不是政治程序决定，对这些罪行的制裁有一个更稳固的法律基础，而非扩大联合国安全机制的范围。然而这将赋予安理会排他性的权力，以确定是否存在犯罪的情势，并适用必要的后续手段。

3. 与常设国际司法机构合作

当然安理会本身不能满足某些刑事审判基本要求，安理会与ICJ、ICC或其他国际司法机构合作，建立一个对政府施加刑事责任的体制框架，实现政治机关和司法独立的角色之间的正确平衡。如1998年的《罗马规约》第5条第2款规定，在实现明确界定侵略罪的定义，并满足规定ICC对这一犯罪行使管辖权的条件后，

ICC 即对侵略罪行使管辖权。[①]

（二）国际法院的作用

国际法院是可能有资格审理和判决政府国际犯罪案件的主要司法机构之一。《灭绝种族罪公约》第 9 条“缔约国间关于本公约的解释、适用或实施的争端，包括关于某一国家对于灭绝种族罪或第三条所列任何其他行为的责任的争端，经争端一方的请求，应提交国际法院”；或《种族隔离公约》第 12 条“各缔约国如对本公约的解释、适用或执行发生争执而无法以谈判解决时，除争执各方已协议以其他方式解决外，得经争执缔约国请求，提交国际法院处理”，可以作为国际法院行使管辖权的法律基础。“灭绝种族公约适用案”的实践也许能表明法院在这一领域的潜在作用。[②]

虽然国际法院审理一宗涉及指控政府国际犯罪的可能性受到一定的限制，但“灭种公约适用案”表明，在适当的情况下，刑事案件可能成为法院受理的范围，如果法庭确信，任何需要由某一国

---

① 第 5 条第 2 款“……界定侵略罪的定义，及规定本法院对这一犯罪行使管辖权的条件后，本法院即对侵略罪行使管辖权”；接着第 13 条第 2 款补充，“……安全理事会根据《联合国宪章》第七章行事，向检察官提交显示一项或多项犯罪已经发生的情势……”，本法院可以依照本规约的规定，就第 5 条所述犯罪行使管辖权。第 16 条规定“如果安全理事会根据《联合国宪章》第七章通过决议，向本法院提出要求，在其后十二个月内，本法院不得根据本规约开始或进行调查或起诉；安全理事会可以根据同样条件延长该项请求。”

② 参见 Genocide Convention（Bosnia V. Serbia）（Summary of The 2007 Judgment, Merits. http：//www. Icj – Cij. Org/Docket/Index. Php? Sum = 667&Code = Bhy&P1 = 3&P2 = 3&Case = 91&K = F4&P3 = 5）。灭绝种族公约第 4—8 条。第 4 条：凡犯灭绝种族罪或有第三条所列其他行为之一者，无论其为依宪法负责的统治者，公务员或私人，均应惩治之。第 5 条：缔约国承允各依照其本国宪法制定必要的法律，以实施本公约各项规定，而对于犯灭绝种族罪或有第三条所列其他行为之一者尤应规定有效的惩治。第 6 条：凡被诉犯灭绝种族罪或有第三条所列其他行为之一者，应交由行为发生地国家的主管法院，或缔约国接受其管辖权的国际刑事法庭审理之。第 7 条：灭绝种族罪及第三条所列其他行为不得视为政治罪行，俾便引渡。缔约国承诺遇有此类案件时，各依照其本国法律及现行条约，予以引渡。第 8 条：任何缔约国得提请联合国的主管机关遵照联合国宪章，采取其认为适当的行动，以防止及惩治灭绝种族的行为或第三条所列任何其他行为。

家（政府）负责的构成犯罪的不法行为，法院自身有做出判决的职权，以实现这种效果/或惩罚性赔偿的裁决。

有利于国际法院行使职能的是，国际法院是按照国际法（ICJ规约第38条）做出判决，其判决对各缔约方之间的争端具有约束力（《ICJ规约》第59条）。法院也可选择根据其规约第26条设立一个特别分庭，处理对一国政府国际犯罪行为的指控。

国际法院行使职能消极的一面是，为了实现国际法院在犯罪方面行使其管辖权，就需要涉嫌政府国际犯罪行为的国家事先接受其管辖，包括接受《ICJ规约》第36条第（2）款“任意条款”、双边协定约束、某一行为在约束相关国家条约内（例如种族公约第九条），能单方面适用ICJ管辖；使一个或多个受害国，包括间接受害国，能在ICJ单方面地起诉涉嫌犯罪行为的国家政府。其次的困难在于，法院在涉及指控犯罪行为的案件中需要仔细调查事实和具备询问证人的能力。法院在关于灭种公约案的审理中已经面临这些问题。[①]

（三）国际性刑事法庭的作用

1. 实现个人刑事责任

“国际性”的刑事法庭是确定被控为政府国际犯罪的政府成员个人刑事责任的理想场所。表7—1大体列出具有影响力的“国际性”刑事法庭追究个人刑事责任的机制框架，既有个性又有共性。表7—1表明国际社会对于“最严重的国际犯罪”有了趋于一致的认识：联合国安理会对国际刑事审判结构的设立提供法律依据，发挥了积极的作用，国际司法与国家司法机构并存，个人刑事责任官方身份无关性、大赦与赦免不适用于严重的国际犯罪。

在某些情况下追究个人刑事责任对遏制国际罪行产生了明显的

---

① 关于对国际法院的判决执行，宪章第94条规定，“如果遇有一方不履行依法院判决应负之义务时，他方得向安全理事会申诉。安全理事会如认为必要时，得作成建议或决定应采办法，以执行判决”，而就法律问题在国际法院提起诉讼时，并不妨碍将其他相关的问题提交安理会或联合国大会讨论。

效果，尤其是对实施和鼓励国际罪行的人数有限的领导团体。然而“头痛医头，脚痛医脚”的处理方式，抹杀了系统犯罪的本性，不能有效地表现从事大规模犯罪复杂的机制和组织关系，是对现实歪曲的不完整的体现。①

表 7—1　“国际性”刑事法庭对照表

	前南斯拉夫国际刑事法庭（ICTY）	卢旺达问题国际法庭（ICTR）	塞拉利昂问题特别法庭（SCSL）	柬埔寨法院特别法庭（ECCC）	黎巴嫩问题特别法庭（STL）	国际刑事法院（ICC）
法律依据	1993 年安理会第 827 决议	1994 年安理事第 955 号决议	2002 年联合国与塞拉利昂政府之间的协议	2004 年联合国与柬埔寨王国政府之间的协议	2007 年安理会第 1757 号决议	国家间的条约
基础法律文件	ICTY 规约	ICTR 规约	SCCL 规约及上述协议	上述协定及柬埔寨国内法为 ECCC 适用法律	STL 规约、上述协定及第 1757 号决议所附文件	国际刑事法院罗马规约
属物事由	国际犯罪（种族灭绝罪，反人类罪，战争罪）	国际犯罪（种族灭绝罪，反人类罪，战争罪）	国际犯罪（危害人类罪，战争罪）和根据塞拉利昂国内法的某些罪行	国际犯罪（种族灭绝罪，反人类罪，战争罪）和根据柬埔寨法律的罪行（谋杀，酷刑，宗教迫害）	黎巴嫩国内法（恐怖主义，对生命和人身安全的犯罪，非法结社和知罪不报）	国际犯罪（种族灭绝罪，反人类罪，战争罪和侵略罪，注：法院不能行使对侵略罪的管辖权）

① Andre Nollkaempe, “Systemic Effects of International Responsibility for International Crimes”, *Santa Clara Journal of International Law*, No. 8, No. 1, January 2010.

续表

	前南斯拉夫国际刑事法庭（ICTY）	卢旺达问题国际法庭（ICTR）	塞拉利昂问题特别法庭（SCSL）	柬埔寨法院特别法庭（ECCC）	黎巴嫩问题特别法庭（STL）	国际刑事法院（ICC）
属人管辖	自然人，严重违反国际人道主义法行为负责的人	自然人，严重违反国际人道主义法行为负责的人	已满15周岁，严重违反国际人道主义法和塞拉利昂国内法负责者，有条件地对维和人员或相关人员行使管辖权	民主柬埔寨高级领导人和那些最应负责任者	对2005年2月14日的袭击和其他袭击负责者	受到国际关注的最严重犯罪的个人且已满18周岁
属时管辖权	从1991年1月1日起	1994年1月1日起至1994年12月31日	从1996年11月30日起	1975年4月17日至1979年1月6日	2004年10月1日至2005年12月12日	本规约生效或缔约国批准后实施的犯罪（除非该国做出声明）
与国家刑事管辖权的关系	ICTY和国家法院同时拥有司法管辖权，ICTY具有超越国内法院的地位	ICTR和国家法院同时拥有司法管辖权，ICTR具有超越国内法院的地位	SCSL和国家法院同时拥有司法管辖权，SCSL具有超越国内法院的地位	ECCC是现有的柬埔寨法院体系的一部分	STL和黎巴嫩国内法院同时拥有司法管辖权，STL优于国内法院	对国家刑事管辖权起补充作用
赦免	官方身份无关性	官方身份无关性	官方身份无关性	官方身份无关性		官方身份无关性

续表

	前南斯拉夫国际刑事法庭（ICTY）	卢旺达问题国际法庭（ICTR）	塞拉利昂问题特别法庭（SCSL）	柬埔寨法院特别法庭（ECCC）	黎巴嫩问题特别法庭（STL）	国际刑事法院（ICC）
大赦			大赦的规定不适用于种族灭绝罪、反人类罪，战争罪和其他严重违反国际人道主义法的罪行	柬埔寨王国政府不得要求被定罪的人实行大赦或赦免……大赦或赦免的范围由ECCC决定	STL管辖范围内授予任何人的任何罪行的特赦并不妨碍起诉	

2. 发展法律实体的刑事责任

纽伦堡法庭依据《国际军事法庭宪章》第9—11条，远东国际军事法庭依据《远东国际军事法庭宪章》第5条，采用英美法规则，以共谋理论对犯罪集团和组织定罪，承担刑事责任。国际刑事法院规约以及现有的“国际性”的刑事法庭规约没有直接涉及法律实体的刑事责任。

尽管1998年《国际刑事法院罗马规约》草案中授予法院不仅对自然人而且对法人予以管辖的条款；但最后只在第25条第3款第4项规定①中可以看到犯罪组织或集团（法律实体）责任的痕迹，这一项实际是要求犯罪组织或集团中的个人承担刑事责任，前提是个人所帮助的这一集团或组织本身，就有实施《罗马规约》

① 第25条第3款第4项：“以任何其他方式支助以共同目的行事的团伙实施或企图实施这一犯罪。这种支助应当是故意的，并且符合下列情况之一：是为了促进这一团伙的犯罪活动或犯罪目的，而这种活动或目的涉及实施本法院管辖权内的犯罪；明知这一团伙实施该犯罪的意图。”

所管辖的严重犯罪的目的，或是正在或已经实施这些犯罪行为。这种将“个人参与法人实体实施的犯罪行为刑事化”就是目前国际刑事法院规约对法人行为管辖的状态。[①] 因此法律实体刑事责任的概念在多大程度上将被国家愿意接受，签署公约，建立其强制管辖权的刑事法院，仍有待观察。

出于国际社会和平与安全的需要以及国家刑事责任举步维艰的现状，也许对个人具有管辖权的国际刑事法院运行一段时间后，可以扩大其管辖范围至法律实体，但法律实体中是否包括“政府”，还需要经过漫长的发展。在《罗马规约》草案中被排除在法人定义之外非国家实体，除了“公共国际实体”（如政府间国际组织），还包括非营利性组织。事实上，这可能是出于政府利益的考虑，就像纽伦堡审判，虽然排除国家作为被告，但是处于重要地位的政府机构依然被判有罪。

二　成员个人国际刑事责任的实现

在确定政府整体犯罪的前提下，由“国际性”刑事法庭确定政府成员个人刑事责任。如表 7—1 所示，各国际性刑事法庭有所差别，但国际社会对最严重国际犯罪追究个人刑事责任的体制框架和程序基本确立。

例如卢旺达国际刑事法庭（ICTR）在世界国际法庭中首次对种族灭绝罪行定罪，法庭以种族灭绝罪和由其经手以及幕后操纵的反人道罪，判处卢旺达塔巴（Taba）市长让·保罗·阿卡耶苏（Jean - Paul Akayesu）有罪。

再如联合国—柬埔寨（ECCC）混合模式的特别法庭以战争罪、危害人类罪、灭绝种族罪、奴役及与奴役相关的犯罪、酷刑罪、危害受国际保护人员罪以及 1975 年以前的柬埔寨刑法的相关

---

① 张颖军：《从纽伦堡审判到国际刑事法院——国际刑事司法的法人责任研究》，《武汉大学学报》（哲学社会科学版）2008 年第 61 卷第 6 期。

罪行起诉和审判红色高棉组织的领导人。

追究政府成员个人刑事责任，核心在于确定司法检控的范围。对诸如灭绝种族罪、危害人类罪、战争罪、酷刑罪和大规模强奸罪，不允许大赦已达成共识。然而国际法并不要求起诉与暴行有牵连的每一个人，追究这些犯罪行为实施者的责任可以采取多种形式，而不必都采取刑事起诉的方法。起诉并审判那些象征或代表最有罪的个人可满足国际义务，过于广泛的检控可能威胁国家的稳定。

在存在大量潜在被告案件中，国际起诉工作一直努力区分三个类别的罪责并设计不同的方法，粗略地分解为：（1）下令实施罪行和那些实际犯下最严重罪行者（不可避免的最小一类数值）；（2）那些犯下罪行而不属于第一类者；（3）那些罪行轻微者，据此划分处罚的严重性。在大多数情况下，由于潜在被告数量巨大和国际检控机关处理能力有限，实际审判可能限于类别（1）及（2）的一部分。在大多数情况下，大规模暴行中罪行轻微者通过非刑事机制予以处理（例如在1994年卢旺达种族屠杀事件中，应当承担相应责任的犯罪嫌疑人人数约为76万）。①

三　政府团体国际刑事责任的实现

尽管追究政府团体刑事责任存在极大风险，然而政府整体受到国际社会谴责和处罚的可能性，是对此类犯罪强有力的威慑，是在政府成员个人身份不明的情况下，司法可靠性和公正性的保障。

承担刑事责任方式有刑事处罚和非刑事处罚（民事和政治处罚，如国家祛除机制）；刑罚从受刑人被剥夺的权益分为：生命刑、自由刑、名誉刑和财产刑。实现法律实体刑事责任的主要形式是：名誉刑（资格刑和耻辱刑，道歉、解散、停业、禁止从事任何类

---

① Neil J. Kritz.，"Coming To Terms with Atrocities：A Review of Accountability Mechanisms for Mass Violations of Human Rights"，*Law and Contemporary Problems*，Vol. 59，No. 4，Autumn 1996.

型的活动、关闭用于犯罪的设施和场所）和财产刑（罚金、没收犯罪工具和来源于刑事犯罪的收益及资产、适当形式的赔偿和补偿）。[①][②]

（一）应对南非政府种族隔离的实践

南非种族主义政府（1948—1994 年）曾多次被联合国形容为“非法”政府，联合国和区域组织采取的一些行动被认为含有惩罚“政府整体”的元素，类似于法律实体刑事责任的名誉刑和财产刑，如集体谴责、否认成员资格以及强制性制裁。

1969 年非洲统一组织国家元首和政府首脑大会（OAU）批准的《南部非洲宣言》写明：南非政府不能一方面拒绝人类共有的观念，一方面通过友好的国际关系受益。非洲不能承认，现有的维护反对具有非洲血统人民政策的政府。[③]

1974 年 12 月，第 29 届联大中止南非出席资格，通过决议（GA Resolution 3324），“南非只要继续实行种族隔离，应完全排除其参与所有联合国主办的国际组织和会议”[④]，至 1975 年南非实际

---

① 黄芳：《论实现国际犯罪刑事责任的途径和方式》，《中国刑事法杂志》1999 年第 6 期。

② 参照国家犯罪刑事责任理论，刑事责任将首先施加于代表国家行使权利的人如国家元首、政府、军队领导人及其他执行国家权力的人。除此之外，学者认为国家刑事责任的实现形式分为刑事措施和准刑事措施，前者包括罚金、没收财产、限制主权、道歉、赔偿五种；后者包括经济制裁、空中禁运、海上封锁三种。限制主权包括军事占领、军事管制、限制国家武装力量等。准刑事措施主要是指国际制裁，即联合国安理会根据宪章第 41 条和第 42 条采取的武力和非武力的制裁措施，类似联合国安理会对伊拉克、利比亚的制裁，即可称为准刑事制裁。但国家犯罪与刑事责任的合法性、正义性、实现国家犯罪刑事责任的可行性仍充满不确定性。

③ See Un Doc A/7754, 7 Nov. 1969; and United Nation, The United Nations and Apartheid, 1948 - 1994, Blue Books Series, Vol. 1, Documents, pp. 57, 309, 311.

④ 参见 Ga Resolution 3324e (Xxix), 16 Dec. 1974。1962 年大联要求安理会考虑按“宪章”第 6 条的规定“联合国之会员国中，有屡次违犯本宪章所载之原则者，大会经安全理事会之建议，得将其由本组织除名”，对南非采取行动，See Ga Resolution 1761 (Xvii) 6 Nov. 1962，这项行动在其后的十多年没有在安理会通过。至 1974 年，联大会议不仅驳回南非代表团的资格，还鉴于南非不断违反“宪章”和“人权宣言”的原则，要求安理会检讨南非和联合国之间的关系，See Ga Resolution 3207 (Xxix), 30 Sept. 1974，因为安理会没有给出任何建议，此事又被悬置。

上被排除出联合国的所有机构。由于时任南非政府无权代表南非人民，被非统组织承认的解放运动是绝大多数南非人的“真正的代表”。[①] 联大要求各专门机构和其他政府间组织否认当时南非政府成员资格或成员特权，并与非统组织协商，邀请该组织认可的南非人民解放运动代表参加相关会议。[②]

1977 年安理会根据联合国宪章第七章对南非实施强制性武器禁运。[③] 该决议是第一个对一个会员国根据“宪章”第七章实施强制性的制裁，呼吁南非政府结束“对非洲人民的暴力行为并采取紧急措施，以消除种族隔离和种族歧视”。时任联合国秘书长表示，种族隔离政策以及由南非政府采取的落实这一政策的措施，是“粗暴的大规模侵犯人权和严重的危及国际和平与安全局势，所以需要与局势的严重性相称的对应措施”，在安理会成员一致同意的基础之上，联合国为纠正“种族隔离”的严重错误而努力，包括石油禁运和体育及文化活动的抵制，也被解释为含有处罚的元素。[④⑤⑥]

---

① See A/9061, 7 May 1973; and see The United Nations and Apartheid, Document, pp. 68, 319, 320.

② 反对国际社会以驱逐的方式对待南非的论据是，如果南非被驱逐出国际社会的呼声范围，南非将不再能受到人类对种族隔离深恶痛绝的谴责。宪章第六条具有惩罚性的元素，可以作为刑事制裁的解释，驱逐表明国际社会对南非种族主义态度，以至联合国以此鼓励变革。实际上，联合国对南非采取这样的行动，针对时任政府而非南非人民。

③ See Sc Resolution 418, 4 Nov. 1977.

④ See S/Pv 2046, 4 Nov. 1977; See the United Nations and Apartheid, Document, pp. 90, 348.

⑤ 1981 年第 36 届联大宣布 1982 年为“动员制裁南非种族主义政权国际年”。1985 年 7 月联合国安理会通过又一项谴责南非政府推行种族隔离制的决议，呼吁各国停止与南非的联系，对南非实行经济制裁，禁止向南非出售武器，联合国从同南非有关的西方公司撤资等。这一呼吁得到国际社会普遍响应：1985—1988 年南非资金外流达 110 亿美元以上，1986—1989 年有 550 家外国公司撤出南非。南非一度因制裁导致金融危机，而被迫宣布暂时关闭外汇和股票市场；至 1988 年底，与南非保持大使级外交关系的国家只有 22 个，南非成为“国际孤儿”。

⑥ 余建华：《南非种族隔离制度的兴废》，《史林》1997 年第 2 期。

种族隔离作为危害人类罪的一种，是最严重的国际犯罪，因此国际社会能够团结起来，谴责南非时任政府而非南非人民，南非政府受到严厉的制裁措施，可以视为刑事制裁的模式。作为对政府国际犯罪处罚的范例，国际社会的努力促进了南非内部积极的变化，虽然效果局限于停止种族隔离的不法行为，而这一目标最终实现。值得一提的是，南非引入真理与调解委员会机制，解决废除种族隔离制度之后的社会遗留问题，通过"促进民族团结与和解法案"，在不放弃司法审判的前提下，个人获得赦免的基础是申请并向真理与和解委员会坦承所有罪行。尽管有人质疑真理与调解委员会是否为民族团结与调解做出不朽的贡献，但时间证明，南非大体上实现了冲突后的政治和平与社会和谐。[①②]

（二）应对伊拉克入侵科威特的实践

1990 年伊拉克入侵、占领和吞并科威特，是在二战后可被形容为"战争"侵略的实例。[③] 在联合国框架下，通过安理会的一系列决议，国际社会以集体谴责、强制性制裁、军事打击和要求赔偿损失的方式应对，迫使伊拉克最终从科威特撤军。

安理会第 660 号决议（1990 年）谴责"伊拉克入侵科威特，要求伊拉克立即无条件撤出其所有部队"，并呼吁伊拉克和科威特之间进行谈判。此后，阿拉伯联盟也发表决议谴责伊拉克的侵略行为并要求伊拉克撤兵。安理会第 661 号决议命令所有国家，包括联合国的非成员国，对伊拉克施加严格的经济封锁。第 662 号决议拒绝承认伊拉克吞并科威特。

---

① 孙红旗：《南非白人政权的"分别发展"图谋和"黑人家园"的设立》，《史学集刊》2008 年第 6 期。

② Ziyad Motala, "The Use of the Truth Commission in South Africa as an Alternative Dispute Resolution Mechanism versus the International Law Obligations", *Santa Clara Law Review*, Vol. 45, No. 4, 2005.

③ See Lauterpacht (eds.), The Kuwait Crisis: Basic Documents Cambridge: Grotius Publications, 1991; and M. Weller (eds.). Iraq And Kuwait: The Hostilities and Their Aftermath, Cambridge: Grotius Publications, 1993.

在第678号决议中，联大成员一致谴责伊拉克公然违反联合国宪章，侵略和继续占领科威特。以美国为首的多国部队得到安理会的授权，与科威特武装力量合作，“使用一切必要手段，维护和执行安理会第660和随后的所有有关决议，恢复在该地区的国际和平与安全”[①]。多国部队于1991年1月16日开始对科威特和伊拉克境内的伊拉克军队发动军事进攻，经过42天的空袭，在伊拉克、科威特和沙特阿拉伯边境展开历时100小时的陆战，以较小的代价取得决定性胜利，重创伊拉克军队。伊拉克最终接受第660号决议，从科威特撤军。

作为发动侵略战争的代价，第674号决议要求“伊拉克必须对因其入侵和非法占领科威特而使科威特和第三国及其公民和企业所遭受的任何损失、破坏或伤害承担责任”。第686号决议（1991年）提出，承认责任做出赔偿是停止军事活动的先决条件。第687号决议建立赔偿委员会作为安理会的附属机构，以评估损失，列出索赔，解决索赔纠纷，决定索赔基金（主要来自伊拉克的石油出口）贡献水平的机制。该决议还决定建立一个延伸到伊拉克和科威特境内的非军事区。伊拉克还需要接受有关武器销毁和禁止使用化学、生物和原子武器的条件。为延续武器禁运，广泛控制和核查程序明确地成为制裁的一部分。[②]

在伊拉克入侵科威特的情况下，国际社会采取严重程度前所未有的制裁，部分制裁可以说不是赔偿而是刑罚，但缺少的环节是未能对萨达姆和其政府高官进行审判。当时国际社会审判萨达姆及政府高官的呼声很高，整个欧盟提出建立国际刑事法院以惩罚萨达姆

---

① See A/45 / 250, 10. and see Lauterpacht (eds.). The Kuwait Crisis: Basic Documents, Cambridge: Grotius Publications, 1991.

② David Caron, "The United Nations Compensation Commission for Claims Arising out of the 1991 Gulf War: The 'Arising Prior to' Decision", *Journal of Transnational Law & Policy*, Vol. 14, No. 2, Spring 2005.

的要求。[①] 而萨达姆却出人意料地逃脱了战争罪的指控，政权也得以幸存，而对伊拉克的制裁似乎未达到惩处决策者和“主犯”的目的，伊拉克人民成为真正的牺牲品，并埋下2003年伊拉克战争的伏笔。[②]

（三）应对阿富汗塔利班政府恐怖主义的实践

1996年受塔利班伊斯兰极端主义控制的阿富汗政府成立，即使美国和其他国家不承认塔利班合法政府的地位，但根据国际法，塔利班政府仍是控制阿富汗的政府。基地组织（Al Qaeda）长久以来是阿富汗作战力量的一部分，与塔利班政府是共生共荣的关系，阿富汗塔利班政府奉行的政策，被视为“国家恐怖主义”或“政府恐怖主义”。[③] 在联合国的安全保障体制下，曾以第1267号决议为框架，对基地组织和塔利班政府的恐怖主义行为做出制裁。[④]

第1267号决议“强烈谴责继续利用阿富汗领土，尤其是塔利班控制区来窝藏和训练恐怖分子，策划恐怖行为，并重申坚信打击国际恐怖主义对于维护国际和平与安全至关重要”。第1333号决议认定，塔利班对国际和平与安全构成威胁，强烈谴责塔利班窝藏和训练恐怖分子，以及策划恐怖行为；要求所有国家均应采取对塔利班的制裁措施。同时要求塔利班停止恐怖主义活动，将恐怖分子绳之以法，将拉登送交对他起诉的国家和有关当局……。第1373号

---

① See Le Monde, 17 Apr. 1991, 1 and 3. The Foreign Ministers of the Eu Countries Requested.

② Marion Forsyth, “Casualties of War: The Destruction of Iraq's Cultural Heritage as A Result of U. S. Action During and After the 1991 Gulf War”, *Depaul - Lca Journal of Art And Entertainment Law*, Vol. 14, No. 1, 2004. 战后伊拉克境内基础设施的破坏（发电、供水）严重影响居民的生活。对伊拉克的经济制裁导致儿童死亡人数提高到每年9万。海湾战争的一个消极结果是极端伊斯兰主义的复活。

③ Jaime Jackson, “Trial of the Accused Taliban and Al Qaeda Operatives Captured in Afghanistan and Detained on a U. S. Military Base in Cuba”, *Cumberland Law Review*, Vol. 34, 2003/2004.

④ Dire Tladi and Gillian Taylor, “On The Al Qaida/ Taliban Sanctions Regime: Due Process and Sunsetting”, Chinese Journal of International law, Vol. 10, No. 4, December 2011.

决议“认定在美国发生的‘9·11事件’对国际和平与安全构成威胁，决定所有国家应防止和制止资助恐怖主义行为”，并“再次声明根据《联合国宪章》所确认并经第1368号决议重申的单独或集体自卫的固有权利”。

第1333号和1373号决议成为美国政府对阿富汗塔利班政府采取军事行动，捉拿拉登归案的法律依据。受塔利班控制的阿富汗政府，在以美军为首展开的军事攻击下垮台。2001年末阿富汗主要的反对势力领袖以及流亡分子在德国集会，同意一项新的政府架构计划；国际社会充分认识到恐怖主义的危害，以联合国为主导的应对恐怖主义的多边体制正在形成。而美国在阿富汗的单边军事行动，受到广泛质疑，塔利班组织没有因此销声匿迹，其成员继续以发动恐怖攻击的方式对抗阿富汗现政府、美国及支持美国的其他国家。①②

本章小结

作为国际社会应对“政府国际犯罪”实践的个例，成败众说纷纭，总体而言，可以获得以下经验：

（1）在全球化与国家主权并存的时代，国际社会对系统地、大范围地违反基本人权的行为绝不姑息，面对最严重的国际犯罪，明确事实、全面有效的司法审判，是为和平与调解铺平道路，努力重建因政府国际犯罪导致混乱的国家功能和制度，以及恢复公民社会正常状态的最重要的方式。

---

① 相关决议主要包括：第1267（1999）号、第1333（2000）号、第1363（2001）号、第1373（2001）号、第1390（2002）号、第1452（2002）号、第1455（2003）号、第1526（2004）号、第1566（2004）号、第1617（2005）号、第1624（2005）号、第1699（2006）号、第1730（2006）号、第1735（2006）号、第1822（2008）号、第1904（2009）号、第1988和1989号（2011）决议，以及有关的主席声明。

② Eric Rosand，“The UN – Led Multilateral Institutional Response to Jihadist Terrorism: Is a Global Counterterrorism Body Needed?”，*Journal of Conflict & Security Law*，Vol. 11，No. 3，2006.

(2) 政府国际犯罪责任追究机制模式应当采取灵活的态度，无论是在国际司法机构还是在国内司法机构，追究犯罪行为实施者的刑事责任（对政府整体施加名誉刑和财产刑，对成员个人施加生命刑、自由刑、名誉刑和财产刑）应兼具报应性和恢复性的目的。

(3) 尽管联合国常常被视为效率低、成本高且执行能力差的机构，但上述实例表明，联合国的努力并非一无是处。因此，在国际社会寻找到更有效、更具公信力的机构之前，国际社会遏制政府国际犯罪的努力仍应在联合国的框架体系之内，并与区域性国际组织合作。

(4) 国际社会在遵循联合国宪章及国际法的基本原则的前提下，灵活地采取各种和平手段，预防政府国际犯罪的发生，如果国际社会需要制裁一国政府的犯罪行为，应当以遏制犯罪造成的人员伤亡和财产损失的扩大为首要目的，而非动辄在安理会或其他国际机构通过各种制裁决议，使问题更加复杂化；军事干预在迫不得已的情况下，经安理会授权使用（参见本书第五章第三节借鉴“保护的责任”的行动机制）。

(5) 根据现行的国际法律制度和国际机构设置，处理政府国际犯罪最好的机制可能是如下组合：

第一，由国际法院或联合国安理会建立实现司法职能的附属机构宣告对政府有罪判决；第二，在此基础上，国际社会在联合国框架内以集体一致的行动谴责并制裁政府；[①] 第三，由国际性刑事法庭审判政府成员个人。

每当有大规模违反人权的暴行出现，没有固定机械的适用于所

---

① 在可能涉及政府国际犯罪的情势下，联合国机构可能已经做出谴责和集体行动，其主要目的是停止不法行为并恢复原状。尽管联合国的谴责和集体行动可能在一定程度上被初步评估为不法行为，但笔者认为，如果政治机构愿意做出不法行为性质的决定性意见，而不诉诸国际法院，联合国安理会应该先设立一个附属机构服务承担司法职能。

有情况的解决方案，只有在一定原则的基础下找到解决问题的具体方法或机制，才能实现正义与和解的最佳组合。[①] 然而，除非现有的程序得到开发和加强，或者新的程序被创造出来，政府国际犯罪以及如何建立一整套合适的个人与政府的双重责任追究机制（不仅仅是刑事责任），未必会在联合国的框架下完全体现，个人责任和政府的集体责任在很大程度上应当互补。实践中面临的主要挑战是在一个综合框架内结合这两种方法，体现统一与灵活。

目前对团体（例如国家）实施国际不法行为对他国造成损害的救济方法主要有宣告其行为非法的判决，赔偿（偿还、赔偿和履行义务）、恢复原状和补偿。这些以团体责任为前提的救济方法可以具有惩罚性质。例如，宣告其行为非法的判决就含有一定的惩罚元素，这会使一个团体在国际社会处境尴尬（国内对个人的刑事判决亦产生同样的效果，也适用于犯罪组织的形式）；惩罚性赔偿也许最能体现惩罚的性质（伊拉克的实例）。

尽管救济方法是有别于“制裁”“反制措施”或其他由联合国及其附属机构或其他国家集体或单方面使用的政治、经济、军事措施——这些行为旨在终止非法行为或表示反对的态度，当然它们可能还提供救济。然而，问题不在于对政府国际罪行可能采取的措施是否有严格的法律或政治基础，而是这些措施可否包含惩罚性元素。所以关注的焦点是措施适用的后果而非名称。当面临不同案件中的国际犯罪，可以采用得到公认符合正义的法律方法。“其基本原则是：行动必须是明确和无可争议的，……如果……确实故意犯下国际罪行，……不应凌驾于法律之上，或免予处罚。”归根结

---

① 本书的写作目的之一，是在国际社会实施对某国政府的制裁中，努力实现“避免伤及无辜国民”的构想。事实上，完全实现这一构想犹如在不伤豆腐的前提下，捡净嵌入豆腐中的沙粒。国际社会在对政府国际犯罪没有统一的处理模式之前，基本思路可能是“抓大放小”，具体问题具体分析。联合国框架内以集体一致的行动对政府整体施加资格刑和耻辱刑，应发挥国内及地区司法机构的积极作用；选择灵活的责任实现方式；重视预警和干预机制。

底，国际社会向往的理想措施能达到多种效果，特别是预防和纠正功能。

为了解决这一问题，“政府国际犯罪”以及文献中广泛提到，作为或正在成为国际习惯法一部分的“对世义务”和“保护的责任”之间进一步地平行发展，可能为创造一个适当的体制框架提供平台，在国际社会的共同努力下，确保大规模犯罪问责机制充分协调和有效，标准一致。

理想情况下，政府国际犯罪国际刑事责任追究机制，应是国际司法机构确定政府国际犯罪行为并追究相应个人和团体的刑事责任。这一机构在国际层面有望是国际法院、国际刑事法院（将国际刑事法院的管辖权扩展到包括政府在内的法律实体）和区域性法院（欧洲人权法院），还可以效仿联合国大会和安理会第 808 号和 955 号决议，就特定问题成立国际刑事法庭，司法启动程序依照相关法院规约及成立该司法机构的国际条约。

在没有明确判断是否存在政府国际犯罪情势之前，如有必要，国际社会应敦促联合国大会和安理会按照宪章采取措施来维持或恢复安全与和平，包括适用处罚因素的措施；联合国相关机构在司法判决做出后，继续运作，终止政府国际犯罪行为，恢复社会原有的状态，确保政府国际犯罪刑事责任追究机制的有效实施。

结论与展望

本书借鉴历史，立足事实，面向未来，以不考虑政府属性和所在国国体为前提，在国际法视域下，探索政府犯罪概念的内涵和外延，及与之相关的刑事责任问题并进行系统研究，希望有助于遏制最严重的国际犯罪，实现国际法和平、正义、秩序和人权的价值追求。

一　基本结论

（一）政府国际犯罪包含国家犯罪

由于国家犯罪必有“国家行为”和“国家支持的政策”这一特征，政府掌握的权力和能支配的社会资源远远超出任何个人与团体，国家的不法行为如果没有“政府”因素，根本无法达到国家犯罪的判断标准。实践中，国家和该国公民可能成为规模巨大和危害严重政府犯罪利用的工具、庇护伞和侵害对象。所以政府犯罪可能超越国家犯罪而独立存在。

（二）“政府国际犯罪”概念是该术语代表的客观存在在思维中的体现

政府国际犯罪是指政府蓄意或受政府政策支持的有组织有系统的行为，违反国际强行法，威胁国际社会根本利益并造成严重后果，被整个国际社会公认为最严重的国际犯罪；包括侵略罪、灭绝种族罪、危害人类罪和战争罪。

（三）政府国际犯罪的犯罪构成为“双层三部分”

在主体上，政府国际犯罪的犯罪构成由政府整体的犯罪构成和其项下成员个人的犯罪构成组成；在客体上，分为物质性因素、心理性因素和排除责任事由三部分。政府成员个人的犯罪构成基本与《ICC 规约》和《犯罪要件》的规定一致。“政府犯罪”整体犯罪构成，在物质性因素方面，行为包括作为和不作为，犯罪结果可能是行为、实质损害后果和潜在威胁，情节和背景性因素有助于判断政府犯罪的具体罪名；在心理性因素方面，政府有独立于其成员的意志，通过政府政策体现，表现为故意和明知；适用于政府犯罪的免责规则有自卫、对抗措施、不可抗力和危急情况，但均受不同条件限制，因此判断援引“国家利益”或“紧急情况”为由的政府行为，是否不构成犯罪，还需要满足一定的条件。

（四）对政府国际犯罪施加刑事责任无悖于国际法的基本原则

其一，政府国际犯罪对内侵犯本国国家和人民的利益，违反“主权在民”的理念，对外违反各国普遍遵守的国际法则，威胁本国与其他国家的正常关系，损害国家主权与平等原则。其二，政府犯罪即使发生在一国的领土范围之内，也因影响或可能影响国际和平与安全，本质上不再完全属于一国的内政。对一国政府犯罪行为的干预，无悖于不干涉内政原则。其三，对因政府犯罪而产生灾难，首先是国家，其次是国际社会在联合国框架内，承担对人民的保护责任；“保护的责任”为预防和打击“政府犯罪”提供理论支持和值得借鉴的行动机制。

（五）对政府国际犯罪施加刑事责任符合刑事合法性

由政府整体与政府成员个人分别承担政府国际犯罪的刑事责任，符合罪责自负的刑法原则。一方面，政府的行为是通过自然人的行为实现，对那些在政府国际犯罪中起重要作用和重大责任的成员，也要追究个人相应的刑事责任。个人负刑事责任的根据，是他们在政府团体犯罪中对心理性因素（故意和明知）和物质性因素（作为和不作为）中所起的作用。另一方面，政府虽然是由自然人组成的有机整体，但具有自身不同于成员个人或其总和的整体意志和行为，具有独立的犯罪能力和刑事责任能力；不应该把政府整体的意志和行为，简单地归结为任何个人的意志和行为，因此也不能把政府犯罪单纯地归结为成员个人犯罪。

（六）遏制政府犯罪的完整体系应分为预防机制、干预机制和责任追究机制

根据现行的国际政治体制和法律制度，政府犯罪国际刑事责任追究机制最好的方式可能是如下组合：由国际法院或联合国安理会建立实现司法职能的附属机构宣告对政府有罪判决，国际性刑事法庭审判政府成员个人，国际社会在联合国框架内以集体一致的行动谴责并制裁政府。在可能涉及政府犯罪的情势下，联合国机构应立即采取集体行动，主要目的是停止政府犯罪行为并恢复至原有状况。在没有判断出是否存在政府犯罪情势之前，如有必要，联合国大会和安理会可按照宪章采取措施来维持或恢复相关地区的安全与和平，在司法判决做出后，联合国相关机构继续运作，为实现相关地区长久稳定和发展发挥作用。

二　主要创新点

（一）论证“政府国际犯罪包含国家犯罪”的逻辑关系

本书最大的亮点在于打破国际法层面“国家犯罪包含政府犯罪”的惯有思维模式，以理论论证和实例说明，逐层分析“政府犯罪包含国家犯罪”的逻辑关系（见图1）。

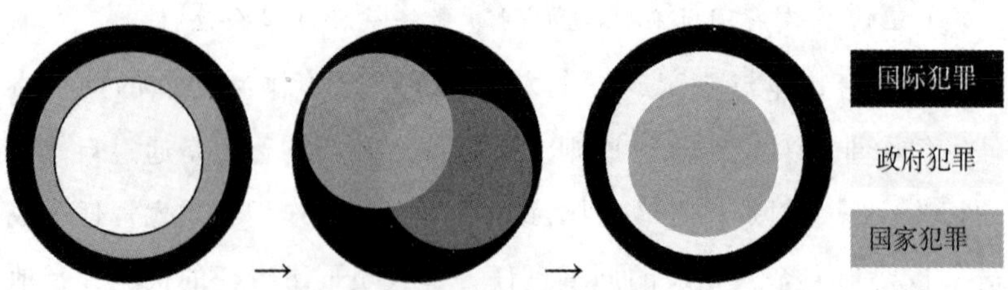

图1　“政府犯罪”与“国家犯罪”间关系论证流程图

（二）明确界定政府国际犯罪定义、特征和判断标准

政府国际犯罪是政府蓄意或政府政策支持（参与、煽动或纵容）的有组织有系统的行为，违反国际强行法，严重危害国际社会的根本利益，被国际社会公认为构成了最严重的国际犯罪。政府国际犯罪概念的外延包括：侵略罪、灭绝种族罪、危害人类罪和战争罪。其特征是威胁国际社会根本利益，违反对世义务，受整个国际社会谴责，认为应当受到惩罚的犯罪。该定义力争实现在特定情况下，判定是否存在政府国际犯罪的情势，并作为与其他相关概念区分的标准。

（三）建立政府国际犯罪的双层犯罪构成的模型

在对国际犯罪的犯罪构成进行理论性和法定性概括的基础上，建立政府犯罪构成研究的统一模型；再按法律实体犯罪构成理论，将政府国际犯罪的犯罪构成分为政府团体犯罪构成和成员个人犯罪构成两个层面（见图2）。

（四）初步架构政府犯罪国际刑事责任追究机制

依据国际法，在现行国际秩序框架内，以国际司法审判方式，追究政府犯罪国际刑事责任，即由国际法院或联合国安理会建立实现司法职能的附属机构宣告对政府有罪判决，国际社会在联合国框架内以集体一致的行动谴责并制裁政府，再由国际性刑事法庭审判政府成员个人：对政府整体施加名誉刑和财产刑，对成员个人施加生命刑、自由刑、名誉刑和财产刑。

三 研究展望

博登海默在《法理学——法律哲学与法律方法》中指出，“法律必须服从发展所提出的正当要求。如果一个法律制度跟不上时代需要的要求，而且死死抱住上个时代的仅有短暂意义的观念不放，是没有什么可取之处的”。本书在国际社会旨在采取联合行动预防和惩治最严重国际犯罪的呼声中，国际刑事法领域相关概念、规则和原则不断发展，适应国际社会不断进步需要的大时代背景下完

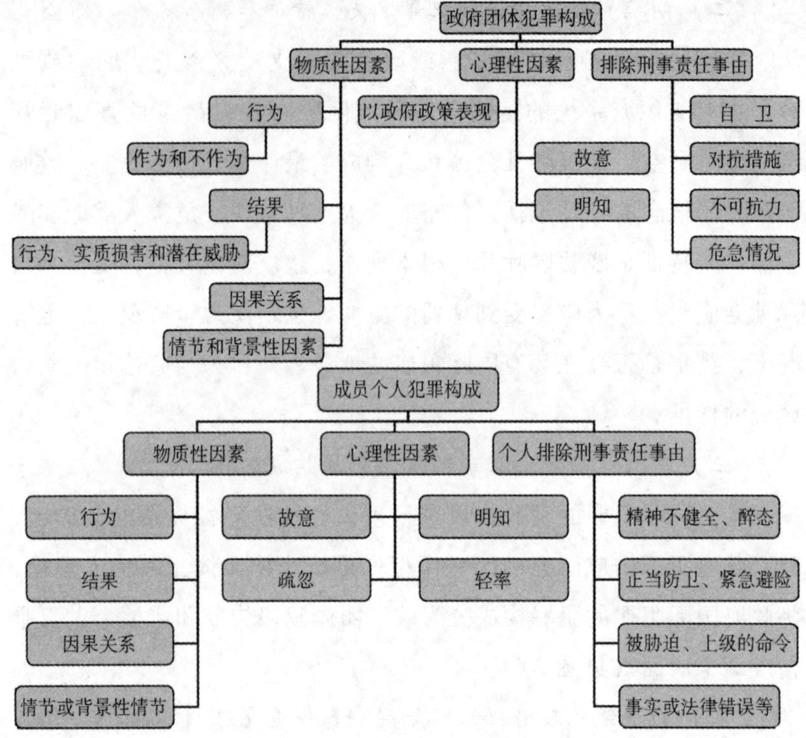

图 2　政府国际犯罪的犯罪构成

成。受个人能力和篇幅所限，尚待进一步研究的问题主要包括：

（1）深入探讨现行国际法律制度下，追究政府国际犯罪国际刑事责任的最优方式及与国内法律制度衔接的路径。

（2）在全球治理和国际法治的前景下，“政府国际犯罪”对未来国际秩序的影响，并思考预防、制止政府国际犯罪与责任追究的综合性框架。

（3）在综合责任追究机制层面，研究国家责任追究机制与政府责任追究机制的差异。

主要参考文献

一　中文

（一）中文著作

1. 古祖雪、陈辉萍等：《国际法学专论》，科学出版社 2007 年版。

2. 何勤华：《西方法律思想史》，复旦大学出版社 2005 年版。

3. 黄风、凌岩等：《国际刑法学》，中国人民大学出版社 2007 年版。

4. 贾宇：《国际刑法学》，中国政法大学出版社 2004 年版。

5. 李海滢：《国际犯罪的基设性理论研究》，吉林大学出版社 2008 年版。

6. 马呈元：《国际刑法论》，中国政法大学出版社 2008 年版。

7. 梅汝璈：《远东国际军事法庭》，法律出版社 1988 年版。

8. 宁骚：《民族与国家》，北京大学出版社 1995 年版。

9. 孙关宏：《政治学概论》，复旦大学出版社 2003 年版。

10. 王铁崖：《国际法》，法律出版社 2007 年版。

11. 谢庆奎：《当代中国政府与政治》，高等教育出版社 2003 年版。

12. 徐大同：《西方政治思想史》，天津教育出版社 2005 年版。

13. 俞可平等：《全球化与国家主权》，社会科学文献出版社 2004 年版。

14. 张大松、蒋新苗：《法律逻辑学教程》，高等教育出版社

2003 年版。

15. 张智辉：《国际刑法通论（增补本）》，中国政法大学出版社 1999 年版。

16. 朱文奇：《国际刑法》，中国人民大学出版社 2007 年版。

（二）译文著作

17. ［德］格哈德·韦勒：《国际刑法学原理》，王世洲译，商务印书馆 2009 年版。

18. ［德］马克斯·韦伯：《经济与社会》，林荣远译，商务印书馆 1997 年版。

19. ［法］卡斯东·斯特法尼等：《法国刑法总论精义》，罗结珍译，中国政法大学出版社 1998 年版。

20. ［法］卢梭：《社会契约论》，徐强译，九州出版社 2007 年版。

21. ［古罗马］西塞罗：《论共和国论法律》，王焕生译，中国政法大学出版社 1997 年版。

22. ［美］埃得加·博登海默：《法理学——法律哲学与法律方法》，邓正来译，中国政法大学出版社 1999 年版。

23. ［美］戴维·赫尔德：《民主的模式》，燕继荣译，中央编译出版社 1998 年版。

24. ［美］谢里夫·巴西奥尼：《国际刑法导论》，赵秉志、王文华译，法律出版社 2006 年版。

25. ［美］谢里夫·巴西奥尼：《国际刑法的渊源与内涵——理论体系》，王秀梅译，法律出版社 2003 年版。

26. ［美］约翰·霍尔、约翰·艾坎伯雷：《国家》，施雪华译，吉林人民出版社 2007 年版。

27. ［英］戴维·米勒、韦农·波格丹诺：《布莱克韦尔政治学百科全书》，邓正来译，中国政法大学出版社 2002 年版。

28. ［英］劳特派特：《奥本海国际法》（第八版）上卷第一分册，王铁崖、陈体强译，商务印书馆 1981 年版。

29. ［英］伊恩·布朗利：《国际公法原理》，曾令良，余敏友译，法律出版社2007年版。

30. ［英］詹宁斯·瓦茨：《奥本海国际法（第九版）》第一卷第一分册，王铁崖等译，中国大百科全书出版社1995年版。

（三）中文论文

31. 陈淑荣：《国际法透视下的日军"慰安妇"问题》，《石家庄学院学报》2005年第4期。

32. 陈兴良：《犯罪构成的体系性思考》，《法制与社会发展》2000年第3期。

33. 陈忠林：《现行犯罪构成理论共性比较》，《现代法学》2010年第1期。

34. 黄芳：《论实现国际犯罪刑事责任的途径和方式》，《中国刑事法杂志》1999年第6期。

35. 蒋娜：《国际刑法基本原则的新进展》，《刑法论丛》2009年第3期。

36. 李洁：《全球化时代国际法的发展》，《江汉论坛》2005年第11期。

37. 刘大群：《国际法上的国家刑事责任问题》，载陈兴良《刑事法评论》第21卷，北京大学出版社2007年版。

38. 刘霞：《国家犯罪及其刑事责任的确立依据》，《湖南公安高等专科学校学报》2009年第1期。

39. 刘晓虹：《整体主义与个人主义之争：西方哲学的一条重要线索》，《学术界》1999年第6期。

40. 钱晓萍：《"政府犯罪"对"国家犯罪"的替代性研究——国际刑法框架内基于理论和实例的结论》，《中国刑事法杂志》2011年第9期。

41. 钱晓萍：《国际法视域下的政府犯罪概念初探》，《西北大学学报》（哲学社会科学版）2011年第3期。

42. 商红日：《国家与政府概念的再界定——兼论国家与政府

的区别》，《北方论丛》2001 年第 3 期。

43. 宋健强、任思丹：《“犯罪论体系”的国际考证》，《黑龙江社会科学》2010 年第 3 期。

44. 孙红旗：《南非白人政权的“分别发展”图谋和“黑人家园”的设立》，《史学集刊》2008 年第 6 期。

45. 王建秋：《未来十几年国际法基本原则发展趋势探析》，《潍坊学院学报》2006 年第 9 期。

46. 王宁：《个体主义与整体主义对立的新思考——社会研究方法论的基本问题之一》，《中山大学学报》（社会科学版）2002 年第 2 期。

47. 余建华：《南非种族隔离制度的兴废》，《史林》1997 年第 2 期。

48. 曾令良：《现代国际法的人本化发展趋势》，《中国社会科学》2007 年第 1 期。

49. 赵秉志、王秀梅：《伊拉克战争涉及的国际法和国际刑法问题》，《河北法学》2004 年第 1 期。

50. 赵迅：《社会契约视域下的国家责任》，《河北法学》2008 年第 3 期。

51. ［德］Peter Carrier：《回忆德国纳粹时期的大屠杀》，伍迅译，《史林》2011 年第 2 期。

52. ［瑞士］克劳斯·施瓦布：《21 世纪的全球治理》，《外交评论》2008 年第 6 期。

53. 冯果、万江：《社会整体利益的代表与形成机制探究》，《当代法学》2004 年第 5 期。

54. 古祖雪：《联合国改革与国际法的发展》，《武大国际法评论》2006 年第 2 期。

55. 洪永红：《建立卢旺达国际刑事法庭的历史考察》，《法律文化研究》2009 年第 5 期。

56. 蒋娜：《国际刑事责任的多元主体及其启示——以国际刑

事责任原则的崭新进展为视角》，《现代法学》2010 年第 1 期。

57. 蒋熙辉：《论公司犯罪的刑事责任构造》，《中国法学》2005 年第 2 期。

58. 李保平：《南非种族隔离制的理论体系》，《西亚非洲》1994 年第 3 期。

59. 李斌：《〈保护的责任〉对“不干涉内政原则”的影响》，《法律科学》2007 年第 3 期。

60. 李伯军：《论国际法上“内政”的概念及其发展》，《法学评论》2009 年第 2 期。

61. 李杰豪：《保护的责任对现代国际法规则的影响》，《求索》2007 年第 1 期。

62. 刘骁军：《一个单位犯罪、两个犯罪构成——双罚制理论依据新探》，《政治与法律》2001 年第 3 期。

63. 钱晓萍：《政府犯罪：研究国家国际犯罪的新视角》，《中国刑事法杂志》2010 年第 4 期。

64. 任越：《达尔富尔：不干涉内政原则和补充性原则的冲突与权衡》，《太平洋学报》2009 年第 11 期。

65. 宋杰：《“保护的责任”：国际法院相关司法实践研究》，《法律科学》2009 年第 5 期。

66. 涂春元：《国家责任与政府责任辨析》，《辽宁行政学院学报》2007 年第 5 期。

67. 王庆海、张蓝图：《国际法上的内政及不干涉内政原则新论》，《吉林大学社会科学学报》2001 年第 4 期。

68. 易显河：《国家主权平等与“领袖型国家”的正当性》，《西安交通大学学报》（社会科学版）2007 年第 5 期。

69. 殷仁胜、李国际：《挑战与对策：全球化时代的不干涉内政原则》，《理论月刊》2007 年第 2 期。

70. 张颖军：《从纽伦堡审判到国际刑事法院——国际刑事司法的法人责任研究》，《武汉大学学报》（哲学社会科学版）2008

年第 61 卷第 6 期。

71. 赵星：《单位犯罪双罚制问题研究》，《国家检察官学院学报》2008 年第 2 期。

（四）网络文献

72. ［美］谢里夫·巴西奥尼：《论国际刑事责任的主体》，王秀梅译（http：//www. criminallawbnu. cn/criminal/info/print. asp? pkid = 8274）。

73. 《1973 年禁止并惩治种族隔离罪行国际公约》，2011 年 5 月 20 日（http：//www. npc. gov. cn/wxzl/gongbao/1983—03/05/content_ 1480978. htm）。

74. 《保护的责任（中译本）》，2012 年 3 月 19 日（http：//www. r2pasiapacific. org/documents/ICISS%20Report - Chinese. pdf）。

75. 《大自由：实现人人共享的发展、安全和人权》，2012 年 3 月 17 日（http：//www. un. org/chinese/largerfreedom/）。

76. 《国际刑事法院犯罪要件》，2012 年 2 月 6 日（http：//www. icc - cpi. int/NR/rdonlyres/336923D8—A6AD—40EC—AD7B—45BF9DE73D56/0/ElementsOfCrimesEng. pdf）。

77. 《国际刑事法院罗马规约》，2012 年 2 月 6 日（http：//www. icc - cpi. int/NR/rdonlyres/ADD16852—AEE9—4757—ABE7—9CDC7CF02886/283503/RomeStatutEng1. pdf）。

78. 《联合国前南斯拉夫问题国际刑事法庭规约》，2012 年 2 月 6 日（http：//www. cuplfil. com/ziliao_ detail. asp？infoid = 118。

79. 《联合国威胁、挑战和改革问题高级别小组的报告：一个更安全的世界——我们的责任》，2010 年 3 月 6 日（http：//www. un. org/chinese/secureworld/reportlist. htm）。

80. 《卢旺达问题国际刑事法庭规约》，2012 年 2 月 6 日（http：//www. cuplfil. com/ziliao_ detail. asp？infoid = 121）。

81. 《国际法委会：2001 年国家对国际不法行为的责任条文草案》，2013 年 5 月 17 日（http：//untreaty. un. org/ilc/texts/instru-

ments/english/draft%20articles/9_ 6_ 2001. pdf）。

82.《国际法委员会：1996年第51次会议报告》，2013年5月17日（http：//untreaty. un. org/ilc/documentation/english/A_ 51_ 10. pdf）。

二　英文

（一）英文著作

83. Farhad Malekian, *International Criminal Responsibility of States: A Study on the Evolution of State Responsibility with Particular Emphasis on the Concept of Crime and Criminal Responsibility*, Stockholm: University of Stockholm, 1985.

84. Pieter N. Drost, *International Law: The Crime of State* (Vol. 1 Humanicide, Vol. 2 Genocide), Leyden: Sijthoff, 1959.

85. M. Cherif Bassiouni, *The Legislative History of the International Criminal Court: Introduction, Analysis and Integrated Text*, Vol. I, Hague: Martinus Nijhoff Publishers, 2005.

86. Ian Brownlie, *International Law and the Use of Force by States*, Oxford: Clarendon Press , 1963.

87. Bradley F. Smith, *Reaching Judgment at Nuremberg: The Untold Story of How the Nazi War Criminals Were Judged*, New York: Basic Books Inc. , 1977.

88. David O. Friedrichs, "State Crime or Governmental Crime: Making Sense of the Conceptual Confusion, in Controlling State Crime. Making Sense of the Conceptual Confusion", Jeffrey Ian Ross (ed.), *Controlling State Crime* (2nd ed.), New Bruswick: Transcative, 2000.

89. Yoshimi Yoshiaki, *Comfort Women: Sexual Slavery in the Japanese Military During World War II*, Suzanne O'Brien trans, New York: Columbia University Press, 2000.

90. Lyal S. Sunga, *The Emerging System of International Criminal Law: Developments in Codification and Implementation*, Hague: Kluwer Law International, 1997.

91. UNWCC, *History of the United Nations War Crimes Commission and the Development of the Laws of War*, New York: Williams Hein & Co, 1948.

92. M. Cherif Bassiouni, *A Draft International Criminal Code for an International Criminal Tribunal*, Boston: Martinus Nijhoff Publisher, 1987.

93. James Pattison, *Humanitarian Intervention and the Responsibility to Protect: Who Should Intervene?* Oxford: Oxford University Press, 2010.

94. Cristina Gabriela Badescu, *Humanitarian Intervention and the Responsibility to Protect: Security and Human Rights (Global Politics and the Responsibility to Protect)*, NewYork: Routledge, 2011.

95. Hans Kelsen, *Peace Through Law*, New Jersey: The Lawbook Exchange, Ltd., 2001.

96. M. Cherif Bassiouni, *International Criminal Law*, New York: Transnational Publishers Inc., 1999.

97. Nina H. B. Jorgensen, *The Responsibility of States for International Crimes*, Oxford: Oxford University Press, 2000.

98. John Dugard, "International Criminal Responsibility", M. Cherif Bassiouni (ed.), *International Criminal Law*, 2nd, Vol. 1, New York: Transnational Publishers Inc., 1999.

99. Elihu Lauterpacht and C. J. Greenwood, etc., *The Kuwait Crisis: Basic Documents*, Cambridge: Grotius Publications, 1991.

100. André de Hoogh, *Obligations Erga Omnes and Internatioal Crimes: A Theoretical Inquiry into the Implementation and Enforcement of the International Responsibility of States*, Hague: Kluwer International

Law, 1996.

101. Antonio Cassese, *Self – Determination of Peoples A Legal Reappraisal*, Cambridge: Cambridge University Press, 1995.

102. Maurizio Ragazzi, *The Concept of International Obligations Erga Omnes*, Oxford: Clarendon Press, 2002.

103. Nicholas Tsagourias, "The Will of the International Community as a Normative Source of International Law", Ige F. DekkerWouter G. Werner (eds.), *Governance and International Legal Theory*, Leide: Martinus Nijhoff, 2004.

(二) 英文论文

104. Alain Pellet, "Can a State Commit a Crime? Definitely, Yes!", *European Journal of International Law*, Vol. 10, No. 2, 1999.

105. Geoff Gilbert, "The Criminal Responsibility of States", *International and Comparative Law Quarterly*, Vol. 39 , No. 2, 1990.

106. Ronald C. Kramer and Raymond J. Michalowski, "War, Aggression and State Crime: A Criminological Analysis of the Invasion and Occupation of Iraq", *British Journal of Criminology*, Vol. 45, No. 4, 2005.

107. Sienho Yee, "The Potential Impact of the Possible US Responses to the 9 – 11Atrocities on the Law Regarding the Use of Force and Self – Defense", *Chinese Journal of International Law*, Vol. 1, No. 1, April 2002.

108. Peter E. Quint, "The Border Guard Trials and the East German Past – Seven Arguments", *American Journal of Comparative Law*, Vol. 48, Fall 2000.

109. Peter Weiss, "Controlling Crime by Persons Who Make, Defend, and are Supposed to Enforce the Laws", *Criminal Law Forum*, Vol. 6, No. 3, 1995.

110. Farhad Malekian, "Emasculating the Philosophy of Interna-

tional Criminal Justice in the Iraqi Special Tribunal", *Cornell International Law Journal*, Vol. 38, No. 3, Fall 2005.

111. Sue R. Lee, "Comforting the Comfort Women: Who Can Make Japan Pay?", *University of Pennsylvania Journal of International Economic Law*, Vol. 24, No. 2, June 2003.

112. Aditi Bagchi, "Intention, Torture, and the Concept of State Crime", *Penn State Law Review*, Vol. 114, Summer 2009.

113. M. Cherif Bassiouni, "From Versailles to Rwanda in Seventy – Five Years: The Need to Establish a Permanent International Criminal Court", *Harvard Human Rights Journal*, Vol. 10, Spring 1997.

114. Cassandra Fox Charles, "Truth vs Justice: Promoting the Rule of Law in Post – Apartheid South Africa", *St. Mary's Law Review on Minority Issues*, Vol. 5, Fall 2002.

115. Toy – Cronin, Bridgette A., "What is Forced Marriage? Towards a Definition of Forced Marriage as a Crime against Humanity", *Columbia Journal of Gender and Law*, Vol. 19, No. 2, June 2010.

116. Jamie S. Jeffords, "Will Japan Face its Past? The Struggle for Justice for Former Comfort Women", *Regent Journal of International Law*, Vol. 2, 2003 – 2004.

117. Tzvetan Todorov, "Memory as a Remedy for Evil", *Journal of International Criminal Justice*, Vol. 7, No. 3, July 2009.

118. Kyle Rex Jacobson, "Doing Business With the Devil: The Challenges of Prosecuting Corporate Officials Who's Business Transactions Facilitate War Crimes and Crimes against Humanity", *Air Force Law Review*, Vol. 56, January 2005.

119. Cheah Wui Ling, "Walking the Long Road in Solidarity and Hope: A Case Study Of the 'Comfort Women' Movement's Deployment of Human Rights Discourse", *Harvard Human Rights Journal*, Vol. 22, No. 1, Winter 2009.

120. Brooke Say, "Ripe For Justice: A New UN Tool to Strengthen the Position of the 'Comfort Women' and to Corner Japan into its Reparation Responsibility", *Penn State International Law Review*, Vol. 23, No. 4, Spring 2005.

121. Carmen M. Argibay, "Sexual Slavery and the 'Comfort Women' of World War II", *Berkeley Journal of International Law*, Vol. 21, No. 2, 2003.

122. Janet McKnight, "Child soldiers in Africa: A Global Approach to Human Rights Protection, Enforcement and post – conflict Reintegration", *African Journal of International and Comparative Law*, Vol. 18, No. 2, 2010.

123. Paola Konge, "International Crimes & Child Soldiers", *Southwestern Journal of International Law*, Vol. 16, 2010.

124. Sandesh Sivakumaran, "War Crimes before the Special Court for Sierra Leone: Child Soldiers, Hostages, Peacekeepers and Collective Punishments", *Journal of International Criminal Justice*, Vol. 8, No. 4, September 2010.

125. Farhad Malekian, "Emasculating the Philosophy of International Criminal Justice in the Iraqi Special Tribunal", *Cornell International Law Journal*, Vol. 38, No. 3, 2005.

126. Robert Black, "The Lockerbie Disaster", *Edinburgh Law Review*, Vol. 3, No. 1, 1999.

127. Anthony Aust, "Lockerbie: the other Case", *International & Comparative Law Quarterly*, Vol. 49, No. 2, 2000.

128. Kamrul Hossain, "The Concept of Jus Cogens and the Obligation under the U. N. Charter", *Santa Clara Journal of International Law*, 2005, Vol. 3, No. 1, 2005.

129. M. Cherif Bassiouni, "International Crimes: Jus Cogens and Obligatio Erga Omnes", *Law and Contemporary Problems*, Vol. 59,

No. 4, 1996.

130. James R. Crawford, "Responsibility to the International Community as a Whole", *Indiana Journal of Global Legal Studies*, Vol. 8, No. 2, Spring 2001.

131. Annemarieke Vermeer – Künzli, "A Matter of Interest: Diplomatic Protection and State Responsibility Erga Omnes", *International & Comparative Law Quarterly*, Vol. 56, No. 3, July 2007.

132. Ferrando Mantovani, "The General Principles of International Criminal Law: The Viewpoint of a National Criminal Lawyer", *Journal of International Criminal Justice*, Vol. 1, No 1, April 2003.

133. William A. Schabas, "State Policy as an Element of International Crimes", *Journal of Criminal Law and Criminology*, Vol. 98, No 3, Spring 2008.

134. Kim Forde – Mazrui, "Taking Conservatives Seriously: A Moral Justification for Affirmative Action and Reparations", *California Law Review*, Vol. 92, No. 3, May 2004.

135. Robert Cribb, "Genocide in Indonesia, 1965 – 1966", *Journal of Genocide Research*, Vol. 3, No. 2, June 2010.

136. Michael W. Doyle and Geoffrey S. Carlson, "Silence of the Laws? Conceptions of International Relations and International Law in Hobbes, Kant, and Locke", *Columbia Journal of Transnational Law*, Vol. 46, No. 3, 2007 – 2008.

137. Daniel Seah, "The ASEAN Charter", *International & Comparative Law Quarterly*, Vol. 58, No. 1, January 2009.

138. John Arendshorst, "The Dilemma of Non – Interference: Myanmar, Human Rights, and the ASEAN Charter", *Northwestern University Journal of International Human Rights*, Vol. 8, No. 1, Fall 2009.

139. Marco de Sousa , "Humanitarian Intervention and the Re-

sponsibility to Protect: Bridging the Moral/Legal Divide ", *UCL Jurisprudence Review*, Vol. 16, 2010.

140. Rebecca J. Hamilton, "The Responsibility To Protect: From Document to Doctrine—but What of Implementation?", *Harvard Human Rights Journal*, Vol. 19, Spring 2006.

141. John H. Jackson, "Sovereignty - Modern: A New Approach to an Outdated Concept", *American Journal of International Law*, Vol. 97, 2003.

142. Carsten Stahn, "Responsibility to Protect: Political Rhetoric or Emerging Legal Norm?", *The American Journal of International Law*, Vol. 101, No. 1, January 2007.

143. Shane Darcy, "Prosecuting the War Crime of collective Punishment: Is it Time to Amend the Rome Statute?", *Journal of International Criminal Justice*, Vol. 8, No 1, March 2010.

144. Irwin Lipnowski, "A Partial Rehabilitation of the Principle of Collective Punishment", *Canadian Journal of Law and Society*. Vol. 8, No. 1, Spring 1993.

145. Neil J. Kritz., "Coming To Terms with Atrocities: A Review of Accountability Mechanisms for Mass Violations of Human Rights", *Law and Contemporary Problems*, Vol. 59, No. 4, Autumn 1996.

146. Beth Stephens, "Accountability for International Crimes: The Synergy between the International Criminal Court and Alternative Remedies", *Wisconsin International Law Journal*, Vol. 21, No. 3, Fall 2003.

147. Ved P. Nanda, "Civil and Political Sanctions as an Accountability Mechanism for Massive Violations of Human Rights", *Denver Journal of International Law and Policy*, Vol. 26, No. 3, Spring, 1998.

148. Andre Nollkaempe, "Systemic Effects of International Responsibility for International Crimes", *Santa Clara Journal of International Law*, Vol. 8, No. 1, January 2010.

149. Marina Spinedi, "State Responsibility V. Individual Responsibility for International Crimes: Tertium Non Datur?", *European Journal of International Law*, Vol. 13, No. 4, September 2002.

150. David M. Crane, "The Bright Red Thread: Politics, Justice, and Accountability and International Crimes", *American Society of International Law Proceedings of the Annual Meeting* (*American Society of International Law*), Vol. 102, No. 9, April 2008.

151. Ziyad Motala, "The Use of the Truth Commission in South Africa as an Alternative Dispute Resolution Mechanism Versus the International Law Obligations", *Santa Clara Law Review*, Vol. 45, No. 4, 2005.

152. David Caron, "The United Nations Compensation Commission for Claims Arising out of the 1991 Gulf War: the 'Arising Prior to' Decision", *Journal of Transnational Law & Policy*, Vol. 14, No. 2, Spring 2005.

153. Marion Forsyth, "Casualties of War: The Destruction of Iraq's Cultural Heritage as a Result of U. S. Action During and After the 1991 Gulf War", *Depaul – Lca Journal of Art and Entertainment Law*, Vol. 14, No. 1, 2004.

154. Jaime Jackson, "Trial of the Accused Taliban and Al Qaeda Operatives Captured in Afghanistan and Detained on a U. S. Military Base in Cuba", *Cumberland Law Review*, Vol. 34, 2003/2004.

155. Dire Tladi and Gillian Taylor, "On the Al Qaida/ Taliban Sanctions Regime: Due Process and Sunsetting", *Chinese Journal of International Law*, Vol. 10, No. 4, December 2011.

156. Eric Rosand, "The UN – Led Multilateral Institutional Re-

sponse to Jihadist Terrorism: Is a Global Counterterrorism Body Needed?", *Journal of Conflict & Security Law*, Vol. 11, No. 3, 2006.

(三) 英文网络文献

157. International Court of Justice, Reports of Judgments, Advisory Opinions and Orders Case Concerning Application of the Convention on the Prevention and Punishment of the Crime of Genocide, 2013 - 5 - 17 (http://www.icj-cij.org/docket/files/91/13685.pdf).

158. Women's International War Crimes Tribunal 2000 for the Trial of Japan's Military Sexual Slavery, 2010 - 10 - 6 (http://home.att.ne.jp/star/tribunal/jedgement-e.html).

159. Judgment of Case Concerning The Barcelona Traction, Light and Power Company, Limited, On 5 February 1970, 2012 - 1 - 12 (http://www.icj-cij.org/docket/files/50/5387.pdf. para 34).

160. Women's International War Crimes Tribunal 2000 for the Trial of Japan's Military Sexual Slavery, 2010 - 10 - 6 (http://home.att.ne.jp/star/tribunal/jedgement-e.html).

161. The Secretary-General, Annan K, "We the Peoples: The Role of the United Nations in the Twenty-First Century", 2007 - 1 - 30 (http://www.un.org/millennium/sg/report/full.htm).

162. 2005 World Summit Outcome, UN Doc. A/60/1, paras 138 - 139, 2012 - 7 - 22 (http://unpan1.un.org/intradoc/groups/public/documents/un/unpan021752.pdf).

163. ICISS, The Responsibility to Protect, 2012 - 2 - 27 (http://www.responsibilitytoprotect.org/ICISS%20Report.pdf).

后　记

拙作是在个人同名博士论文的基础上修改而成。选择这样一个全新的富有挑战性的话题来撰写博士论文，通过文本的逻辑分析来说服读者，其难度超越个人以往对写作的认识，常常感到力不从心。幸而从论文选题，写作以及修改，都得到导师单文华教授悉心的指导，感激之情难以言表。

自 2013 年毕业后，出版博士论文的念头时隐时现，但每每重新翻阅文稿，总是发现多有不足之处，仓促成书，未免对读者不敬；且平日诸事繁杂，无法认真地修改文本，因此计划一再延迟。至 2017 年，小女弥乐已近周岁，与她一起成长，总感恩上天厚爱，惊觉人生苦短，于是重拾旧念，觍颜将拙作付梓。

回首从读博至今的十年时光，恰好跨过人生而立之年，其间五年修习法律治理学，完成博士学业；五年投身教书育人，继续学术研究，此间经历各种喜悦与艰辛。一路走来，有幸得到众多的帮助和鼓励。值此拙作付梓之际，向所有给我以教诲帮助、支持和鼓励的师长、亲人和朋友，致以最诚挚的谢意！

由衷感谢导师单文华教授，先生学识渊博、师德高尚、胸怀豁达、治学严谨、处事宽厚，令人高山景行，心向往之。感谢其他诸位可亲可敬的师长，马治国教授、王江雨教授、王保民教授、胡德胜教授、易显河教授、肖周璐教授、徐崇利教授和李万强教授，许多学业困惑的解决和论文写作瓶颈的突破，得益于他们的启发和指导。

特别感谢伟大的父亲母亲对我的宽容与慈爱，感谢我的丈夫宋齐对我的理解和支持，家庭的温暖和无私的亲情是我不断进取的坚强后盾。

感谢西安文理学院的领导及同事，他们提供各种便利条件，减轻我的工作压力，使我能够专心致志投入学习和研究。

感谢同窗好友刘素霞博士、中国社会科学出版社的朱华彬编辑，感谢我可爱的学生助理张婷和杨震佳，他们的鼓励、支持和帮助是拙作得以出版的重要助力。

在写作过程中，参考了大量文献，借鉴了许多学者的研究成果，在此一并致谢。

拙作呈现出今日之状，皆因个人资质有限，书中任何可能的误读、遗漏和错误，敬请批评指正。

钱晓萍

2017 年 10 月于西安